Politisches Denken in der Gegenwart

Herausgegeben von Gisela Riescher

Eine Übersicht aller lieferbaren und im Buchhandel angekündigten Bände der Reihe finden Sie unter:

 https://shop.kohlhammer.de/politisches-denken

Der Autor

Prof. Dr. Dr. h.c. Dieter Oberndörfer ist emeritierter Ordinarius für Wissenschaftliche Politik. Als Nachfolger von Arnold Bergstraesser lehrte und forschte er an der Albert-Ludwigs-Universität Freiburg. Als erster Vorsitzender und langjähriger Direktor war er maßgeblich am Aufbau und der Entwicklung des Arnold-Bergstraesser-Instituts für kulturwissenschaftliche Forschung e. V. in Freiburg beteiligt. Er war Gründungsmitglied des Trägervereins des Studienhauses Wiesneck, Institut für politische Bildung e. V., und ist heute dessen Ehrenvorsitzender. Seine Forschungsschwerpunkte umfassen die Themenbereiche globaler Süden, vergleichende Regierungslehre, politische Theorie und Migrationspolitik. Er war mehrjähriger erster Vorsitzender, Sprecher und Mitgründer des Rats für Migration und wissenschaftlicher Berater u. a. für Bundeskanzler Helmut Kohl und für Bundespräsident Richard von Weizsäcker. Dieter Oberndörfer ist für sein wissenschaftliches und wissenschaftspolitisches Engagement vielfach ausgezeichnet worden. Er ist Träger des Großen Bundesverdienstkreuzes.

Dieter Oberndörfer

Arnold Bergstraesser

Demokratischer Aufbruch und
weltbürgerliche Verantwortung

Verlag W. Kohlhammer

Dieses Werk einschließlich aller seiner Teile ist urheberrechtlich geschützt. Jede Verwendung außerhalb der engen Grenzen des Urheberrechts ist ohne Zustimmung des Verlags unzulässig und strafbar. Das gilt insbesondere für Vervielfältigungen, Übersetzungen, Mikroverfilmungen und für die Einspeicherung und Verarbeitung in elektronischen Systemen.

Es konnten nicht alle Rechtsinhaber von Abbildungen ermittelt werden. Sollte dem Verlag gegenüber der Nachweis der Rechtsinhaberschaft geführt werden, wird das branchenübliche Honorar nachträglich gezahlt.

Dieses Werk enthält Hinweise/Links zu externen Websites Dritter, auf deren Inhalt der Verlag keinen Einfluss hat und die der Haftung der jeweiligen Seitenanbieter oder -betreiber unterliegen. Zum Zeitpunkt der Verlinkung wurden die externen Websites auf mögliche Rechtsverstöße überprüft und dabei keine Rechtsverletzung festgestellt. Ohne konkrete Hinweise auf eine solche Rechtsverletzung ist eine permanente inhaltliche Kontrolle der verlinkten Seiten nicht zumutbar. Sollten jedoch Rechtsverletzungen bekannt werden, werden die betroffenen externen Links soweit möglich unverzüglich entfernt.

Umschlagabbildung: picture alliance/brandstaetter images/Votava

1. Auflage 2024

Alle Rechte vorbehalten
© W. Kohlhammer GmbH, Stuttgart
Gesamtherstellung: W. Kohlhammer GmbH, Stuttgart

Print:
ISBN 978-3-17-044969-5

E-Book-Format:
pdf: ISBN 978-3-17-044970-1

Inhaltsverzeichnis

Erinnerungen an einen Weltbürger – Vorwort
(Gisela Riescher) 7

1 Mit Bergstraesser in Erlangen (1952–1954) 11

2 Bergstraessers Seminar für
  Wissenschaftliche Politik in Freiburg 19

3 Zusammenarbeit mit den Vereinigten Staaten 35

4 Weltpolitik als Wissenschaft 43

5 Politikberatung 53

6 Netzwerk und Freund:innen 59

7 Die Gründung der Stiftung Wissenschaft und Politik 71

8 Exemplarische Politische Bildung in den Schulen, im
  Colloquium Politicum und im Studienhaus Wiesneck 77

9 Politische Akademie Tutzing 83

10 Politische Akademie Eichholz 89

11 Die Schule Bergstraessers 93

12 Würdigung und Ausblick 95

Anhang 101
    Die Stellung der Politik unter den Wissenschaften
    (Arnold Bergstraesser, 1957/58) 103
    Erziehung zum Weltbürger
    (Arnold Bergstraesser, 1959) 119
    Arnold Bergstraesser und die Deutsche Politikwissenschaft
    (Ernst Fraenkel, 1965) 127

Literatur.. 139
    Dokumente 139
    Publizierte Literatur 141

Erinnerungen an einen Weltbürger – Vorwort

Gisela Riescher

Der vorliegende Band ist der dritte Band in der Reihe „Politisches Denken in der Gegenwart". Bislang liegen vor: *Ralf Dahrendorf* von Thomas Hauser und *Hannah Arendt* von Gisela Riescher und Astrid Hähnlein. Mit „Gegenwart" umspannen wir die Zeit seit dem Ende des Zweiten Weltkrieges bis heute. Es treten politische Ideen, Theorien, Gedanken und politische Themen in den Mittelpunkt, die Politik und Wissenschaft nachhaltig prägen. Politisches Denken wird eingebettet in Leben und Werk und speist sich ebenso aus wissenschaftlichen Werken wie aus Briefen, Reden und Erinnerungen. Mit Arnold Bergstraesser (1896–1964) steht ein Politikwissenschaftler, Theoretiker, akademischer Lehrer, Politikberater und Praktiker des Politischen im Mittelpunkt. Er war ein „Macher", wie er als Typus eines Akademikers vielleicht nur in der Gründungsphase der Bundesrepublik möglich war. Er gehörte zusammen mit Ernst Fraenkel, Eric Voegelin, Wolfgang Abendroth oder auch Theodor Eschenburg zu den Gründervätern der Politikwissenschaft im Nachkriegsdeutschland. Viele von ihnen – wie auch Bergstraesser – kamen nach dem Zweiten Weltkrieg aus den USA zurück und besetzten die ersten Professuren für Politikwissenschaft an deutschen Universitäten. Von daher kommt ihnen besondere Bedeutung im politischen Denken in der Gegenwart zu.

Arnold Bergstraesser vertrat nach seiner Rückkehr aus den USA zunächst eine Professur für Kulturanthropologie an der Universität Erlangen. 1954 wurde er auf den neu eingerichteten Lehrstuhl für Politik und Soziologie nach Freiburg berufen. Sein politisches Denken speist sich als „synoptische Wissenschaft", wie er es bezeichnete, u. a. aus soziologischem Denken (sein Doktorvater war Alfred Weber), aus der Volkswirtschaftslehre, der Geschichte, den politischen Institutionen und der „Demokratiewissenschaft", wie die alliierten Hochkommissare das neugegründete Fach nannten. Das eröffnete ihm Denk- und Handlungsräume von der Politischen Theorie zur Vergleichenden Politikwissenschaft, von den Internationalen Beziehungen zur Bildungswissenschaft, vor allem aber immer auch von der Theorie zur politischen Praxis. Besonders hervorgehoben wurden seine visionären Ansätze weltpolitischen Denkens. Man sprach damals von der „Freiburger Schule" der Politikwissenschaft. Seine zahlreichen Schüler:innen, zu denen Hans Maier, Hans-Peter Schwarz, Alexander Schwan und Dieter Oberndörfer gehörten, gaben dieses politische Denken weiter.

Mit Dieter Oberndörfer legt einer der ersten Bergstraesser-Schüler und sein unmittelbarer Nachfolger in dessen Arbeitsbereichen ein Buch vor, in dem sich auf gelehrte wie ebenso unterhaltsame, interessante und gut lesbare Weise die Lebensgeschichte, das einflussreiche Wirken wie das politische Denken Arnold Bergstraessers bündeln. Persönliche Erinnerungen verbinden sich im vorliegenden Text auf lebendige Weise mit der Geschichte der Politikwissenschaft sowie der Gründungsgeschichte von Institutionen wie der des DAAD und der Deutschen Gesellschaft für Auswärtige Politik, des später nach ihm benannten Arnold-Berstraesser-Instituts oder auch von Politischen Akademien wie dem Studienhaus Wiesneck.

Dieter Oberndörfer zählt seinerseits zu den einflussreichsten Politikwissenschaftler:innen der Bundesrepublik Deutschland. Von 1963 bis zu seiner Emeritierung 1997 lehre er an der Universität Freiburg. Er war in der sich neuformierenden Bundesrepublik Vorsitzender des Gründungsausschusses der Wirtschafts- und Sozialwissenschaftlichen Fakultät der Universität Rostock, gilt als ausgewiesener Experte für den globalen Süden und Entwicklungspolitik und war Mitglied im Rat für Migration. Sein theoretischer Ansatz politischen Denkens steht in der Tradition seines Lehrers Bergstraesser und begreift Politik als praktische Wissenschaft.

Dass es gelingen konnte, aus dem Manuskript ein Buch zu machen verdankt sich vielen: Wolfgang Jäger, der gemeinsam mit Dieter Oberndörfer am Seminar für Wissenschaftliche Politik und später als Rektor die Erinnerung an den Gründervater der Freiburger Politikwissenschaft lebendig hielt, brachte erste Anregungen zur Veröffentlichung ein. Beate Rosenzweig, langjährige Mitarbeiterin am Seminar für Wissenschaftliche Politik, heute Honorarprofessorin und stellvertretende Direktorin des Studienhauses Wiesneck, konkretisierte in enger Verbindung mit Dieter Oberndörfer das Projekt. So entstand die Idee, es in die Reihe „Politisches Denken in der Gegenwart" einzubringen. Peter Kritzinger und Julius Alves vom Kohlhammer Verlag sorgten für die Realisierung des Projekts in ihrem Haus. Dass das Manuskript in

Buchform in den Verlag gehen konnte, verdankt sich wesentlich meinem Mitarbeiter Raphael Hujeirat. Allen zuvor war es Dieter Oberndörfer, dem es zu verdanken ist, dass aus einem geförderten Projekt der Thyssen-Stiftung, das er gemeinsam mit Günter Behrmann erforschte, das vorliegende Buch wurde. Günter Behrmann war Professor für Didaktik der Politikwissenschaft an der Universität Potsdam. Er verstarb 2022, noch bevor eine gemeinsame Publikation beendet wurde. Das neunte Kapitel über die Politische Akademie in Tutzing geht wesentlich auf Behrmann zurück und ist so im Text auch mit Dank vermerkt. Die Erinnerungen an den Weltbürger und Wissenschaftler Arnold Bergstraesser profitieren in hohem Maße davon, dass Dieter Oberndörfer sein privates Archiv den Leser:innen öffnete und mit uns teilt.

Angeschlossen an seine Erinnerungen sind drei Texte, die in besonderem Maße Arnold Bergstraesser als Wissenschaftler und Weltbürger zeigen. Zwei davon entstammen der Feder Bergstraessers und sind programmatisch für sein politisches Denken. Der letzte Text ist ein Nachruf von Ernst Fraenkel auf seinen geschätzten Kollegen, mit dem er ein Jahr nach dessen Tod eine eindrucksvolle letzte Würdigung zu Leben, Werk und Wirken Bergstraessers veröffentlichte. Schreibweise und Interpunktion wurden in diesen Texten behutsam an die aktuelle Rechtschreibung angepasst.

Freiburg im Juni 2024

1 Mit Bergstraesser in Erlangen (1952–1954)

Nach meinem Abitur im Jahre 1949 hatte ich vier Semester Geschichte und Soziologie in München und den USA und zwei Semester Theologie in Erlangen studiert, das Theologiestudium danach aber abgebrochen. Auf der Suche nach einem Doktorvater[1] traf ich Arnold Bergstraesser. Für den Wunsch, bei ihm zu promovieren, spielte mein Studium in den USA eine wichtige Rolle. Wie viele deutsche Stipendiaten, die vom Studium aus den Vereinigten Staaten zurückgekommen waren,[2] hatte ich große persönliche Probleme mit der Reintegration in die deutsche Nachkriegsgesellschaft. Wir Stipendiat:innen waren in den Vereinigten Staaten einer Massengüter produzierenden Industriegesellschaft und der uns noch völlig unbekannten Demokratie begegnet. Man hatte uns unerwartet freundlich und großzügig aufgenommen. So fragte man uns immer wieder „why don't you stay here"? Wohl die meisten nahmen kritische Aspekte der amerikanischen Gesellschaft und Politik durchaus wahr, wie etwa die damals noch mit Schärfe praktizierte Rassentrennung im Süden und mafiöse Züge der Innenpolitik. Solche Eindrücke verblassten jedoch vor dem damaligen Bild unseres eigenen Landes und seiner zuvor selbst erlebten Geschichte. Zugleich wussten wir, dass wir in Amerika gute und sichere Berufschancen haben würden. Viele versuchten daher, in den USA zu bleiben. Legale Möglichkeiten hierzu gab es damals keine.[3] Die

---

[1] Der akademische Abschluss mit dem Grad eines Magisters wurde in den Philosophischen Fakultäten erst Mitte der sechziger Jahre eingeführt.

[2] Zum Stipendienprogramm der amerikanischen Besatzungsbehörden vgl. Paulus 2010, S. 275. Ergänzend zum Programm Washingtons leisteten private Spender:innen Zuschüsse (z. B. Erlass der Studiengebühren oder Kosten der Unterbringung). Für das Stipendienprogramm gab es einen Ansturm von Bewerbungen. Die Stipendiat:innen meines Studienjahres fuhren 1951 gemeinsam auf einem Schiff in die USA. Sie wurden dort zunächst in New York vom Institute of International Education betreut, bevor sie ihre Studien an verschiedenen Universitäten antreten konnten.

[3] Der Politikwissenschaftler Wolfram Hanrieder beispielsweise war mit mir auf demselben Schiff als Stipendiat nach Amerika gekommen. Er versuchte, illegal in den USA zu bleiben. Wie er mir erzählte, war er als Empfangschef in einem Kaufhaus untergetaucht. Aufgespürt vom FBI, rettete er sich vor der Abschiebung nach Deutschland durch sofortiges *enlistment* in der Armee „auf der anderen Seite der Straße" des Kaufhauses, in

1 Mit Bergstraesser in Erlangen (1952–1954)

Bonner Republik war noch nicht souverän. Wir hatten nicht einmal Pässe, sondern lediglich *travel documents*. Die Rückkehr nach Deutschland aber hieß Rückkehr in ein unfreundliches Armenhaus mit ungewissen beruflichen Perspektiven. Ich werde hier an meine erste Unterkunft als Student in Erlangen erinnert, an einen Schlafsaal im Haus einer studentischen Verbindung mit über zwanzig Notbetten und einer Waschmöglichkeit, die aus einem einzigen Wasserhahn bestand.

Zurückgekehrt nach Deutschland, fanden sich nur selten informierte Gesprächspartner:innen für eine Erörterung unserer Erfahrungen in Amerika. Wir mussten uns mit den Vorurteilen der deutschen Nachkriegsgesellschaft über den „Materialismus" und die „Kulturlosigkeit" der Amerikaner, der „Sieger", auseinandersetzen – Klischees, die wir auch selbst teilten oder noch im Hinterkopf hatten. Amerika war damals geografisch und kulturell ein sehr ferner Kontinent, Deutschland kulturell in sich gekehrt. Schon Reisen ins europäische Ausland waren ein unbekannter Luxus. Die Kenntnisse europäischer Sprachen und der Kultur unserer europäischen Nachbarn waren gering. Französisch und Englisch wurden an den damals maßgebenden kulturellen Ausbildungszentren, den humanistischen Gymnasien, nur als dritte Sprache nach Latein und Griechisch gelehrt. Vorwiegend wurde Grammatik, aber keine praktisch anwendbaren Sprachkenntnisse vermittelt. Informationen über Amerika konnten wir primär aus den Zeitschriften und der Literatur in den populären „Amerikahäusern" gewinnen.

In dieser heute kaum mehr vorstellbaren Beschränktheit des kulturellen und sprachlichen Horizonts lernte ich über Kurt Sontheimer, meinen Freund und Zimmergenossen im Erlanger Studentenwohnheim „Alexandrinum", Arnold Bergstraesser kennen. Sontheimer, der wie ich Stipendiat in den USA gewesen war, hatte ihn schon in Amerika getroffen und war ihm nach Erlangen gefolgt. Bergstraesser vertrat damals vom Sommersemester 1952 bis einschließlich Sommersemester 1953 eine Professur für amerikanische Kulturgeschichte. Ihr Inhaber, Professor Dr. Eduard Brenner, war als Staatssekretär für die SPD in die damalige Koalitionsregierung Bayerns nach München berufen worden.[4] Erlangen wurde so für Bergstraesser zu einer Zwischensta-

---

dem ihn das FBI aufgespürt hatte. So kam er dann wenig später als amerikanischer Soldat wieder nach Deutschland. Über die „Korea GI-Bill" wurde ihm schließlich der Verbleib in den USA und ein neuerliches Studium ermöglicht.

[4] Paulus 2010, S. 243 f.

1 Mit Bergstraesser in Erlangen (1952–1954)

tion nach der Heimkehr nach Deutschland. Er war für mich ein wahrer Glücksfall. Ich konnte nun bei ihm meine Begegnung mit Amerika im eigenen Studium verarbeiten. Bergstraesser half mir, die Kultur und Demokratie der USA besser zu verstehen.

Von der Jugendbewegung und nach den Jahren in der Emigration vom amerikanischen Universitätsleben geprägt, entsprach Bergstraesser in keinerlei Hinsicht dem 1968 stilisierten Bild des autoritären deutschen Professors. Er konnte gut zuhören und motivieren. Ich begegnete einem Lehrer, mit dem man „herrschaftsfrei" diskutieren konnte. Die Meinungen seiner Student:innen wurden von ihm ernst genommen. Er interessierte sich auch für persönliche Sorgen, ohne dass dies aufgesetzt wirkte. Und er hatte damals sehr viel Zeit. Da Bergstraesser mit Sontheimer und mir im gleichen Wohnheim lebte, gab es auch außerhalb der Lehre Gelegenheiten für persönlichen Austausch. Dazu kamen die Debatten beim obligaten Treffen nach dem abendlichen Hauptseminar im Erlanger Hugenottencafé „Mengin" oder in Gesprächen bei unbeschwerten Seminarfesten.

In Seminaren zur Geschichte und Kultur Amerikas wurden der neuenglische Transzendentalismus Ralph Waldo Emersons und die Naturphilosophie Henry David Thoreaus in *Walden* behandelt. Darin, wie in Henry Adams' *Mont Saint Michel and Chartres* und in Schriften von William James, hatte Bergstraesser Überlieferungen gefunden, die ihm, dem „Europäer in Amerika", den Brückenschlag zu kulturellen Traditionen Europas und seinem eigenen Kulturverständnis ermöglichten.[5] Wir lasen auch Ernest Hemingways *The Old Man and the Sea*, Tennessee Williams' *A Streetcar Named Desire*, Walt Whitmans Gedichtband *Leaves of Grass* oder Thomas Wolfes *Look Homeward Angel*. Den Fokus bildete dabei die Suche nach Aussagen zur *conditio humana*.

Im Seminar Bergstraessers lernte ich dann auch die politische Theorie Reinhold Niebuhrs, des wohl bedeutendsten amerikanischen Theologen, kennen. Dies war für mich ein bleibender Gewinn, auch wegen der Antworten Niebuhrs auf die bedrängenden Fragen nach den geistigen Wurzeln totalitärer Herrschaft. Wir sprachen auch über die Theologen Rudolf Bult-

---

[5] Das komplexe und keineswegs spannungsfreie Verhältnis von Henry Adams und William James zueinander und zu Europa habe ich erst im späteren Studium kennen gelernt.

1 Mit Bergstraesser in Erlangen (1952–1954)

mann und Paul Tillich[6] oder das Buch *Das Heilige* des Religionsphilosophen Rudolf Otto. Bergstraesser war ein tiefreligiöser Mensch – ein Kulturprotestant auf der Suche.[7]

In Amerika hatte ich mich am Davidson College in North Carolina erstmals mit Soziologie in einem einführenden Kurs und über ein *textbook* beschäftigen können. Nun lasen und interpretierten wir Texte von Klassikern der Soziologie. So begegnete ich hier zum ersten Male Max Webers Thesen über die Entstehung des Kapitalismus, Georg Simmels Theorie des Geldes und Max Schelers Wissenssoziologie – und das bei einem Lehrer, der nicht „belehrte", sondern motivierte, sich um ein eigenes Verständnis der Ideen zu bemühen, mit denen wir hier konfrontiert wurden. Wichtig wurde für mich auch Bergstraessers Hinweis auf Hermann Hellers *Politische Ideenkreise der Gegenwart*, eine heute leider weitgehend vergessene Darstellung der noch in der Weimarer Republik maßgeblichen Typologie politischer Ideen.[8]

In Erinnerung ist mir vor allem die auch später von Bergstraesser immer wieder geübte leidenschaftliche Kritik an angeblich „wertfreier" Soziologie geblieben – ein Thema, das auch in seinen Freiburger Seminaren wiederholt angesprochen wurde. Seine Kritik richtete sich dabei gegen Max Webers pessimistische Anthropologie[9] und John Deweys Pragmatismus. Sontheimer und ich selbst waren zu diesen Themen von Wilhelm Kamlah, dem Erlanger

---

[6] Bei den Alpbacher Hochschulwochen von 1953 konnte ich wenig später über Bergstraesser die Bekanntschaft des eindrucksvollen Theologen Paul Tillich machen.

[7] Bergstraesser hatte mir mehrmals sehr empört erzählt, er habe beim Besuch einer Tante in der Diakonissenanstalt Neuendettelsau (ev.-luth. Kirche Bayerns) den Kopf eines „armen Negerleins" gesehen, das nach Einwurf eines Groschens sein Leiden als armer „Heide" beklagte. Ich habe mir diese Geschichte gemerkt, da meine Mutter die höhere Töchterschule in Neuendettelsau besucht hatte und mein Vater dort als Präfekt der Missionsabteilung sogar Missionar in Neuguinea werden wollte. Im Hass gegen Missionierung äußerte sich der Humanismus Bergstraessers.

[8] Vgl. Heller 1926. Neuere Arbeiten befassen sich allerdings wieder mit Heller, vgl. Groh 2010; Henkel 2011. Die Typologie Hellers orientierte sich an den politischen Konflikten seiner Zeit. Die „Konservativen" sind bei ihm noch die Anhänger:innen von Thron und Altar. Heute ist „konservativ" im politischen Streit ein gänzlich verwaschener plakativer Begriff geworden.

[9] Bergstraesser verwies hier auf Sympathien Max Webers für die pessimistische Anthropologie Thomas Hobbes. Vgl. auch Bergstraesser im Gespräch mit Peter Jochen Winters (das Interview und Winters Bemerkungen dazu: Archiv Dieter Oberndörfer).

1 Mit Bergstraesser in Erlangen (1952–1954)

Philosophen, Augustinkenner und Begründer der Schule des Konstruktivismus, geprägt worden.

Die Fruchtbarkeit des Studiums bei Bergstraesser wurde durch die Rahmenbedingungen gefördert.[10] Die Erlanger Universität hatte – wie die meisten deutschen Universitäten jener Zeit – nur geringe Student:innenzahlen (2.400, heute über 30.000).[11] In Erlangen galt schon die Vorlesung des Wallensteinforschers Ernstberger mit etwa 30 Hörer:innen als eine Massenveranstaltung. Die Erlanger Universität war daher sehr überschaubar. Die Student:innen des Fachs und ihre Professor:innen konnten sich in den Vorlesungen und Seminaren leicht persönlich kennen lernen. Bergstraesser hatte in seiner Vorlesung über „Grundzüge der amerikanischen Kulturgeschichte" den Abrechnungen seines „Hörgelds" zufolge[12] immerhin siebzehn Hörer:innen und in seinem „soziologischen Seminar" sieben Teilnehmer:innen.[13] Das war in der Philosophischen Fakultät Erlangens viel. In der Vorlesung Wilhelm Kamlahs zur neuen mathematisierten Logik – er war der einzige Lehrstuhlinhaber für Philosophie – war ich mit Kurt Sontheimer und einem weiteren Hörer allein im Hörsaal. Das philosophische Seminar Kamlahs absolvierten wir in dessen Wohnung. Die Springfedern im Rücken des Sofas, auf dem wir saßen, sind mir noch heute in Erinnerung.

Bergstraesser kehrte in Erlangen an eine deutsche Universität zurück, wie er sie vor seiner Emigration in die USA gekannt hatte. Hier war er frei von der an amerikanischen Colleges praktizierten Verschulung des Unterrichts

---

[10] Zu den Studienbedingungen und zum Wirken Bergstraessers in Freiburg vgl. Oberndörfer 1990; 2000; 2004.

[11] Die meisten deutschen Universitäten hatten vor dem Zweiten Weltkrieg und bis in die fünfziger Jahre nach heutigen Maßstäben minimale Studierendenzahlen. Erst der beginnende Zustrom von Studierenden in den sechziger Jahren bildeten das Szenario für den Protest der Studierenden und die folgende anhaltende und zunehmende Verschulung.

[12] Bis in die sechziger Jahre musste für die Teilnahme an Vorlesungen und Seminaren ein so genanntes „Hörgeld" an deren Dozent:in entrichtet werden (pro Wochensemesterstunde 3 DM). Das Hörgeld hat die Konkurrenz der Dozent:innen um Hörer:innen und ihr Engagement in der Lehre verstärkt. Wegen der oft beträchtlichen Einnahmen aus Pflichtvorlesungen hat das Hörgeld allerdings häufig die Einrichtung zusätzlicher Professuren blockiert.

[13] UAF B 0204/76–81; 101; 231.

mit strengen Überprüfungen eingepaukten Wissens.[14] Ich konnte dieses Gefühl nach einem zweisemestrigen Studium an einem amerikanischen Elitecollege gut nachempfinden. Dort hatte ich vorgeschriebenes Wissen für ständig neue Prüfungen – wöchentlich, monatlich und am Ende des Semesters – büffeln müssen. Mit der Rückkehr nach Deutschland gewann ich wieder eine produktive akademische Freiheit, allerdings in einem Bildungsabenteuer ohne den psychologischen Rückhalt gut bestandener Examen.

Die Kernmannschaft des Erlanger Seminars für amerikanische Kulturgeschichte bildeten drei Doktoranden Bergstraessers. Von ihnen ging Kurt Sontheimer 1953 nach abgeschlossener Promotion als wissenschaftlicher Assistent Bergstraessers nach Freiburg. Ich selbst blieb bis zum Abschluss meiner Promotion noch ein Jahr in Erlangen und betreute die Geschäfte des Seminars für amerikanische Kulturgeschichte auf einer Hilfskraftstelle.[15]

In meiner Doktorarbeit wollte ich mich zuerst mit der Reintegration der ehemaligen Amerikastipendiat:innen in Deutschland, also letztlich auch mit meinen eigenen Reintegrationsproblemen befassen. Da mir die amerikanischen Besatzungsbehörden keine Angaben über die aus Amerika zurückgekehrten deutschen Stipendiat:innen zugänglich machten, musste ich von diesem Thema Abstand nehmen. Ich schrieb meine Dissertation dann über *Die Einsamkeit des modernen Menschen in der amerikanischen Gesellschaft* nach dem Wegzug Bergstraessers aus Erlangen nach eigenen Vorstellungen.[16] Eine Beratung meines Dissertationsvorhabens gab es nur in allgemeiner Form. Wie auch Sontheimer habe ich daher meine Dissertation ohne vorherige Prüfung durch den Doktorvater in Erlangen eingereicht. Ich erwähne das,

---

[14] Bergstraesser bezog sich auf seine Erfahrungen am Pomona College in Kalifornien. Zu meinem eigenen „verschulten" Studium in den USA vgl. Oberndörfer 2004, S. 19 ff.

[15] Der Dekan der Philosophischen Fakultät, der Latinist Otto Seel, hatte mich dazu noch ohne akademischen Abschluss bestellt. Die Ernennung zum Verwalter eines Lehrstuhlsekretariats mit Hoheit über Stempel und Korrespondenz ohne Aufsicht wäre in der bürokratisierten Hochschule der Gegenwart wohl nicht mehr möglich. In dieser Eigenschaft schrieb ich einen selbstbewussten Brief an Bergstraesser, den ich mit dessen sehr persönlicher und liebenswürdiger Antwort wieder im Archiv der Freiburger Universität fand.

[16] Oberndörfer 1961 (zuerst 1958). Erst später merkte ich, dass die These meiner Dissertation, die amerikanische Gesellschaft sei ein Prototyp moderner Gesellschaften und die geistigen Auseinandersetzungen in Amerika hätten daher auch für Europa Bedeutung, Bergstraessers eigener Sicht der Bedeutung Amerikas für Europa entsprach.

1 Mit Bergstraesser in Erlangen (1952–1954)

weil dies das typische Muster der Promotionen und Habilitationen der Schüler Bergstraessers war. Sie alle hatten zunächst ein von ihnen selbst gewähltes und gestaltetes Studium verschiedener Fächer der Philosophischen Fakultät und benachbarter Fakultäten hinter sich, bevor sie zu Bergstraesser und seiner „neuen" Politikwissenschaft kamen. Viele studierten damals je nach Interesse bei Professor:innen verschiedener Fächer der Fakultät. Ich war dabei Vertreter einer Generation, die nach dem Abitur und dem Abschluss des „Lernens" am Gymnasium an der Universität „studieren" und dabei nicht mehr gegängelt werden wollten.[17] Dem Abitur mit 18 oder 19 Jahren folgten einige Semester Orientierung in Vorlesungen und Seminaren bei Professor:innen und in Fächern eigener Wahl. In Proseminaren musste hierbei das in den Geistes- und Sozialwissenschaften notwendige philologische Handwerk erworben werden. Nach dem sechsten Semester begann dann die Suche nach einem Doktorvater, damals in aller Regel ein Vater, keine Mutter – einem Professor, der promovieren durfte und den man durch Teilnahme an einem seiner Seminare kennen gelernt hatte. Schließlich folgte die Promotion im Alter von 24 bis 26 Jahren. Verpflichtende Studienpläne mit Lektürelisten oder gar Zwischenprüfungen über vorgeschriebenes Pflichtwissen waren verpönt – eine Einstellung, die noch 1968 in der Studierendenschaft verteidigt und erst in der Massenuniversität der siebziger Jahre abzusterben begann. Die Themen der Dissertationen und Habilitationsschriften wurden noch selbst gewählt und ohne Versuche der Fremdbestimmung durch den Doktorvater bearbeitet. Bergstraesser verlangte also keine Fortsetzungsromane eigener Forschungsarbeiten. Dies war auch noch später in Freiburg die Praxis. Seine Konzeption einer synoptischen Politikwissenschaft war für eine Pluralität der Themen offen, ja darauf geradezu angelegt.

Bergstraesser bot mir nach abgeschlossener Promotion die Stelle eines Tutors am Colloquium Politicum der Universität Freiburg mit dem für mich damals phänomenalen monatlichen Gehalt von 310 DM an und meinte, ich könne dies als Startrampe für eine Habilitation nützen. Ich selbst verspürte

---

[17] Die Teilnahme an Seminaren wurde zwar bescheinigt, aber selten benotet. Wesentlich für das noch nicht verschulte Studium waren die in Vorlesungen oder von anderen Studierenden vermittelten Namen von Wissenschaftler:innen und Titeln von Veröffentlichungen. Die Sekundärliteratur war überschaubar – nicht wie manchmal heute im Grundstudium von ängstlichen Dozent:innen aus Furcht vor Evaluierungen ihres Tuns unsinnig aufgebläht.

1 Mit Bergstraesser in Erlangen (1952–1954)

dazu wenig Lust und nahm das Angebot, nach Freiburg zu übersiedeln, nur an, um dort ein Zweitstudium der Jurisprudenz folgen zu lassen und Französisch lernen zu können. Dies, so glaubte ich aus Erlanger Perspektive, müsse ja wohl möglich sein, da Freiburg so nahe bei Frankreich liegt.

Die Übersiedlung entwickelte sich anders. Sie führte zu einer über fünfzigjährigen Beheimatung in Freiburg, davon zehn Jahre als Mitarbeiter Arnold Bergstraessers. Erlangen war dafür der Auftakt – der Beginn einer anhaltenden persönlichen Verbundenheit mit einem großen Lehrer.

Abb. 1: Eines der wenigen Fotos von Arnold Bergstraesser. Es zeigt ihn an seinem Bücherregal (Foto: Arnold-Bergstraesser-Institut).

2 Bergstraessers Seminar für Wissenschaftliche Politik in Freiburg

Bergstraesser war 1954 auf einen Lehrstuhl in der Rechts- und Staatswissenschaftlichen Fakultät der Freiburger Albert-Ludwigs-Universität berufen worden. Er erhielt aber von Anbeginn eine weitere persönliche Mitgliedschaft mit Promotionsrecht auch in der Philosophischen Fakultät.[1] Da die meisten seiner Student:innen und Doktorand:innen aus dieser Fakultät kamen, verlagerte sich sein Engagement sehr bald dorthin. Daher wählte ihn die Philosophische Fakultät bei der 500-Jahrfeier der Universität im Jahr 1957 zu ihrem Dekan. Gerd Tellenbach, der Rektor, beauftragte ihn in dieser Funktion mit der Organisation der Feier und stellte ihm dafür ein Büro mit Sekretärin zur Verfügung.[2] Die Rechts- und Staatswissenschaftliche Fakultät war über diesen Fahnenwechsel nicht allzu glücklich. In Verhandlungen zwischen ihr und der Philosophischen Fakultät wurden nun die aus der Dop-

---

[1] Nach den Freiburger Berufungsakten gab es damals zwischen der Juristischen und der Philosophischen Fakultät einen Konflikt über die Zugehörigkeit der neuen Professur, zunächst eines Extraordinariats. Die Philosophische Fakultät hatte schon 1951 die Bewilligung eines Extraordinariats für „politische Wissenschaften" beantragt. In einem Schreiben Gerhard Ritters v. 13.07.1951 an die Philosophische Fakultät der Universität Freiburg schlug dieser für den ersten Platz einer Liste den Kieler Professor Michael Freund vor, der sich 1937 als Historiker in Freiburg habilitiert hatte. Auf dem zweiten Platz war PD Dr. jur. Kordt (München) und auf dem dritten PD Dr. Karl Dietrich Erdmann (Kiel). Danach gab es ein Tauziehen zwischen der Philosophischen und Juristischen Fakultät über die Zugehörigkeit des Extraordinariats. Für Bergstraesser haben sich dabei Prof. Constantin von Dietze und Fritz Pringsheim von der Rechts- und Staatswissenschaftlichen Fakultät gegen Gerhard Ritter ein- und durchgesetzt. Der Lehrstuhl wurde daher zuerst in der Juristischen Fakultät eingerichtet (mit Promotionsrecht und weiterer persönlicher Mitgliedschaft in der Philosophischen Fakultät). Über diese Vorgeschichte einer Professur für Politikwissenschaft in Freiburg und Gerhard Ritters Versuche, Freund für Freiburg zu gewinnen, vgl. Meinschien 2012, S. 55–67, zum genannten Brief insb. S. 64, Anm. 326.

[2] Das Büro wurde von Dr. Ulrich Gembardt geleitet (zuvor Herausgeber der Deutschen Universitätszeitung), er wurde später Geschäftsführer des Forschungsinstituts der Deutschen Gesellschaft für Auswärtige Politik in Frankfurt und später Abteilungsleiter im WDR.

pelmitgliedschaft Bergstraessers in den beiden Fakultäten abgeleiteten Rechte und Zugehörigkeiten neu geregelt. Das Seminar für Wissenschaftliche Politik wurde ab 1. April 1957 der Philosophischen Fakultät administrativ zugeordnet. Bergstraesser behielt zwar die Zugehörigkeit zu beiden Fakultäten (ohne aktives und passives Wahlrecht in der Rechts- und Staatswissenschaftlichen Fakultät), die Philosophische Fakultät wurde aber nun als neue „Stammfakultät" des Seminars für Wissenschaftliche Politik und des Lehrstuhls bestimmt.[3] Es gab atmosphärische Störungen. Dennoch konnte Bergstraesser bei den Juristen noch die Habilitation von Heinrich Popitz im Fach Soziologie veranlassen. Danach fanden alle von Bergstraesser betreuten späteren Habilitationen in der Philosophischen Fakultät statt.

In seinen Verhandlungen mit dem Kultusministerium hatte er die Erwähnung der Soziologie in der Denomination seiner Professur ausdrücklich zur Bedingung für die Annahme des Rufs nach Freiburg gemacht.[4] Dies wie auch die Alternative, der Ruf auf einen Lehrstuhl für Soziologie in Frankfurt, für den ihn Max Horkheimer zu gewinnen versuchte,[5] verdeutlichen die zentrale Bedeutung der Soziologie im wissenschaftlichen Selbstverständnis Bergstraessers. Als Inhaber eines Lehrstuhls für „Wissenschaftliche Politik" sah sich Bergstraesser auch als Soziologe und knüpfte damit an seine Heidelberger Zeit und die Kultursoziologie Alfred Webers, seines Heidelberger Lehrers, an. Im Heidelberger Institut für Sozial- und Staatswissenschaften hatte es noch keine klare Fächertrennung gegeben.[6] Die Soziologie wurde von Bergstraesser als Teil des Studiums der „Wissenschaftlichen Politik" neben der Politischen Philosophie, der Innenpolitik, der Internationalen Politik und der Politischen Theorie bestimmt. Daher wurde sein Freiburger Hauptseminar am Dienstagabend als „soziologisches Seminar" angekündigt. Ein

---

[3] Vgl. hierzu das Schreiben des Rektors Prof. von Cämmerer an das Kultusministerium Baden-Württemberg v. 18.03.1957 (UAF B 0204/3).
[4] Albrecht 1999, S. 165.
[5] In einem Brief v. 28.12.1953 an Prof. Lohmann, den damaligen Dekan der Freiburger Philosophischen Fakultät, schreibt Bergstraesser: „Die Formulierung des Lehrauftrags: Wissenschaftliche Politik und Soziologie. Das ist wichtig: nicht nur in Konsequenz meiner Rückschreiben mit Ihnen – sondern außerdem, weil ich Politik ohnehin nur soziologisch vertreten kann." (Archiv Oberndörfer).
[6] Eine der auch heute noch besten Darstellungen des Prozesses der allmählichen Trennung von Politikwissenschaft und Soziologie unter den Gründervätern dieser Disziplinen nach 1945 stammt von Hans-Peter Schwarz (1962).

Studienführer des Seminars für Wissenschaftliche Politik von 1961 ging sogar so weit, „die Soziologie als Voraussetzung der politischen Wissenschaften" zu bezeichnen. Daher war es konsequent, dass das erste von Bergstraesser betreute Habilitationsverfahren mit der Habilitation von Heinrich Popitz in der Soziologie erfolgte.[7] Auch der geniale, früh verstorbene Friedrich Heinrich Tenbruck, Marburger Neukantianer und ehemaliger Assistent Max Horkheimers, habilitierte sich unter der Regie Bergstraessers für Soziologie. Der umfangreiche Briefwechsel Tenbrucks mit Bergstraesser im Archiv der Universität Freiburg zeigt, wie sehr sich Bergstraesser bemüht hat, der Soziologie nach der schnellen Wegberufung von Popitz nach Basel wieder den von ihm gewünschten Stellenwert an seinem Seminar für Wissenschaftliche Politik zu geben und die ökonomischen und universitären Voraussetzungen für die Rückkehr Tenbrucks aus Amerika zu schaffen.[8] Mit ihm versuchte Bergstraesser auch, den Soziologen Thomas Luckmann für Freiburg zu gewinnen.[9] So wirkte Luckmann zeitweilig als Lehrbeauftragter in Freiburg. Benita Luckmann, seine Ehefrau, arbeitete unter der Ägide Bergstraessers an einer Habilitationsschrift für Soziologie im Rahmen der von Tenbruck geleiteten Untersuchung über *Soziale Verflechtung und Gliederung in Karlsruhe*.[10]

Auf dieser Grundlage erhielt ich bei meiner eigenen Habilitation eine doppelte Lehrbefugnis sowohl für Soziologie als auch für Politik, während alle weiteren Habilitationen der Schüler Bergstraessers ausschließlich für Politikwissenschaft erfolgten. Viel bewundert von den Student:innen und Assistent:innen wirkten Popitz und später Tenbruck im Institut und Schü-

---

[7] Zu Heinrich Popitz als Klassiker der Soziologie vgl. Dahrendorf 2002. Zum Wirken von Heinrich Popitz im Seminar Bergstraessers vgl. die Korrespondenz in UAF B 0204/163.

[8] Tenbruck war nach dem Studium und der Promotion in Marburg an der Umsetzung des breit angelegten Programms des amerikanischen Hochkommissars zur Förderung der Sozialwissenschaften beteiligt, dann zeitweise persönlicher Assistent Max Horkheimers im Institut für Sozialforschung. Von 1957 bis 1962 lehrte er an den Hobart & Smith Colleges in Geneva (NY). Tenbruck hat später die Sektion Kultursoziologie der Deutschen Gesellschaft für Soziologie mitbegründet und die Kultursoziologie neu belebt, vgl. Tenbruck/Albrecht 1996.

[9] Thomas Luckmann war ab 1965 Professor für Soziologie in Frankfurt und von 1970 bis 1994 in Konstanz.

[10] Bergstraesser 1965a.

lerkreis Bergstraessers überaus erfolgreich als Lehrer.[11] Der berühmte Disput Friedrich Tenbrucks mit Ralf Dahrendorf über dessen Rollentheorie und die zentralen Fragen der Wahrnehmungsdimensionen der Soziologie[12] wurde im Freiburger Seminar intensiv verfolgt. Die in diesem Streitgespräch diskutierten Erkenntnisfragen sind den deutschen Soziolog:innen der Gegenwart nur noch selten im Bewusstsein.[13] Tenbruck wurde schon 1963 auf eine Professur in Frankfurt berufen und trat 1967 die Nachfolge Dahrendorfs in Tübingen an.

Wie wenig Bergstraesser selbst Soziologie und Politikwissenschaft voneinander trennte, zeigt sich in seinen vielfältigen Aktivitäten für ihre Fachverbände, die Deutsche Gesellschaft für Soziologie und die Deutsche Vereinigung für Politische Wissenshaft. Bergstraesser war permanent Mitglied in den Beiräten beider Vereinigungen und wurde gedrängt, in ihnen den Vorsitz zu übernehmen. Mit ihm kam ein für Deutschland ungewöhnlich weltläufiger Professor in das damals doch noch recht provinzielle Freiburg. Bergstraesser hatte vielfältige und weitgespannte internationale Erfahrungen, was in seinem Freiburger Umfeld auch Neid und Vorbehalte weckte. Dazu kamen die unvermeidlichen Differenzen zwischen seiner makrosoziologischen und universalgeschichtlichen Sicht auf Kulturen und den Mikroanalysen der Geschichte und Philologie. Die Konflikte mit engagierten Mikrospezialist:innen anderer Disziplinen samt ihrer durchaus notwendigen Fußnoten zum Detail wurden nicht offen ausgetragen, färbten jedoch sehr wohl die Einstellungen mancher Kollegen, wenn auch unter der Oberfläche freundlicher Kollegialität. Wo der hoch spezialisierte Kollege aus der Germanistik primär am Vergleich unterschiedlicher Textversionen eines Gesprächs Goethes und der dazu veröffentlichten und von ihm selbst akzeptierten Sekundärliteratur interessiert war, suchte Bergstraesser bei Goethe zeitlose Botschaften. Geschichte war für ihn nicht ein Gegenstand spezialisierter Beschreibung, sondern wertbesetzte empirische Anthropologie. Die Konflikte zwischen Makro- und Mikroanalyse, die ja auch die Arbeit der Geschichtswissenschaft begleiten, können heuristisch fruchtbar sein. Beide, die Zusammenschau und die Mikroanalyse, ergänzen sich. Sie werden jedoch

---

[11] Vgl. Oberndörfer 1990.
[12] Tenbruck 1961.
[13] Zu Tenbrucks eigener Position im Kreis um Bergstraesser vgl. seinen Beitrag über den Bildungsauftrag der Universität: Tenbruck 1962.

zur Erkenntnisverhinderung, wenn sie sich wechselseitig die Existenzberechtigung absprechen. Bergstraesser wollte diese Blockaden nicht.

Offenen Widerspruch gab es in der Fakultät vom Historiker Gerhard Ritter. Die Politikwissenschaft war für ihn ein unseriöser Import aus Amerika. Bergstraessers emphatische Forderung nach Beschäftigung mit Zeitgeschichte und weltweiter Universalgeschichte – vor allem auch der Geschichte der nichtwestlichen Welt – erschien Ritter (wie damals auch vielen anderen Historikern seiner Generation) „wissenschaftlich" nicht einlösbar und daher illegitim. Eine Erforschung der Zeitgeschichte, so meinte er, sei erst viele Jahrzehnte später nach Öffnung der Archive möglich und die wissenschaftliche Aufarbeitung der Geschichte exotischer Länder zudem gar nicht vorrangig. Es gebe da andere Prioritäten.[14]

Als Bergstraesser seine Forderung nach wissenschaftlicher Beschäftigung mit Zeitgeschichte und der Geschichte der „Dritten Welt" in einer Ringvorlesung für alle Fakultäten der Freiburger Universität konzeptionell begründete, trat Gerhard Ritter zum Angriff an: Er lud zu einem Gegenvortrag mit anschließender öffentlicher Diskussion mit Bergstraesser ein. Diese Gegenoffensive wurde auf Plakaten angekündigt, die Ritter selbst handschriftlich angefertigt und in der Universität angeschlagen hatte.

Der Verlauf der Diskussion vor den versammelten Assistentenlagern der beiden war vorgezeichnet. Der weltmännische, hochgewachsene Bergstraesser kämpfte mit dem Florett, Gerhard Ritter altdeutsch polternd mit schwerem Säbel, zuweilen verletzend, aber ohne dies selbst zu wollen oder gar zu

---

[14] Vgl. hierzu Ritter 1959. Briefe Ritters an Bergstraesser zeugen von rührenden Versuchen der Annäherung, gewürzt mit wenig sensiblen Anmerkungen, die man aber auch als grobe Unhöflichkeiten verstehen kann. Trotz verstörender Äußerungen Ritters zu vergangenen Zeitläuften und zum Frauenstudium habe ich ihn selbst und so auch viele meiner damaligen Kollegen als mutige Stimme einer vergangenen konservativ-lutherischen Welt hochgeschätzt. Aus seiner Ablehnung der Zeitgeschichte – weil noch nicht alle ihre wichtigen Archive zugänglich seien – ist abzuleiten, dass er wirklich glaubte, Geschichte könne von der wissenschaftlichen Geschichtsschreibung präzise und objektiv so rekonstruiert werden, wie sie wirklich geschah und sich kausal entwickelte. Damit bleibt der Charakter der meisten Geschichtsschreibung als ideologisch gefärbte Interpretation unberücksichtigt. Dies ist der eigentliche Gegensatz der Geschichtswissenschaft Gerhard Ritters zur Kultursoziologie Alfred Webers und Arnold Bergstraessers. Dies ist auch der Kern der Vereinsamung Bergstraessers im Verhältnis zu den meisten Freiburger Historiker:innen, wobei eine mögliche Ausnahme der Althistoriker Herbert Nesselhauf darstellt.

merken. Die Diskussion endete mit dem Satze Ritters: „Wenn Sie [Bergstraesser] Recht hätten, müsste ich mich ja sogar noch mit der Geschichte aller Wüstenscheichs beschäftigen."[15] Dieser Satz veranschaulicht die Enge der wissenschaftlichen Perspektiven Ritters.

Zuletzt wurden Bergstraesser und Ritter dennoch Verbündete. Beide wandten sich gegen Fritz Fischers Thesen zur Kriegsschuldfrage. Im Friedensvertrag von Versailles war Deutschland genötigt worden, sich zu einer Alleinschuld am Ersten Weltkrieg zu bekennen. Für Ritter, Bergstraesser und die politischen Eliten Weimars aller Couleurs hatte der Widerspruch gegen dieses Diktat eine existentielle politische Bedeutung für Deutschland. Wegen der differenzierteren Sicht der internationalen Forschung zum Ausbruch des Ersten Weltkriegs und zum angeblichen „Sonderweg" Deutschlands ist diese politische Debatte heute schon selbst wieder historisch geworden.

Von Kollegen schlecht zu reden, war Bergstraesser zuwider. Er war eine vornehme Persönlichkeit. Er sah Positives auch bei seinen Gegnern und suchte bei Konflikten den Ausgleich. Hans Maier hat in seinen Erinnerungen zu Recht darauf aufmerksam gemacht, dass

> „die meisten Berühmten (...) sich, aus der Nähe besehen, als Ordinarien alten Stils [erwiesen], als autoritäre Lehrer mit wenig Fähigkeit zur Selbstkritik. Ihre Vorlesungen wimmelten von Scottisen über Kollegen (von Bergstraesser habe ich nie Derartiges gehört)."[16]

Seine Bonhomie machte ihn jedoch bei Angriffen oder Illoyalität gegen seine Person verwundbar. Dabei war Bergstraesser kein einfacher Zeitgenosse. Mit zunehmendem Alter konnte er gegen die Jungen, von denen er glaubte, sie wollten möglichst bald an seine Stelle treten, ausfällig werden. Ich habe mich gelegentlich heftig mit ihm gestritten. Was jedoch versöhnte, und hier kam wohl eine religiöse Dimension zur Wirkung: Bergstraessers war ansprechbar, wenn er glaubte, im Unrecht zu sein.

Von besonderer Bedeutung für seine philosophische Orientierung war Martin Heidegger. So berichtete mir mein Freund George Romoser,[17] Bergstraesser habe Heidegger in Chicago in einem Seminar über dessen *Sein und*

---

[15] Zit. nach Oberndörfer 2004, S. 31.
[16] Maier 2013, S. 83.
[17] George Romoser hat in seiner Chicagoer Dissertation bei Leo Strauss als erster die naive Beschränktheit des politischen Weltbildes der Eliten des deutschen Widerstands vom 20. Juli 1944 kritisch thematisiert.

2 Bergstraessers Seminar für Wissenschaftliche Politik in Freiburg

Zeit als wirkmächtigsten Philosophen neuer „Eigentlichkeit" vorgestellt. So bemühte sich Bergstraesser in Freiburg schon bald um Nähe zu Heidegger. Mir kam dies zugute, da ich dadurch Zugang zum Privatseminar Heideggers in dessen Haus am Freiburger Rötebuckweg erhielt.[18] Bergstraessers Werben um Heidegger scheiterte dann allerdings bald an dessen Arroganz. Bei einem Gipfeltreffen im Hause Bergstraessers im Beisein seiner Assistenten kam es zu einer unerfreulichen Begegnung. So suchte Heidegger z. B. bei seinem Besuch ostentativ unter den Büchern Bergstraessers, ob dieser auch die „richtige" Hölderlinausgabe benutzt habe – was nach seinen unüberhörbaren Kommentaren nicht der Fall war. Bei allem wurde die Frau des Hauses permanent gröblich übersehen. Dies und anderes war wohl nicht nur ein Beispiel provinziellen Benimms, sondern auch eine gezielte Unhöflichkeit gegenüber dem Emigranten. Ein Grund für die Abkühlung der Einstellung zu Heidegger war wohl auch dessen antitechnische romantische Kulturkritik. Bergstraesser warf ihr vor, sie habe ganz wesentlich zur geistigen Vergiftung der Weimarer Republik beigetragen.[19] Gleichwohl erhoffte sich Bergstraesser bis zuletzt von Heideggers „Fundamentalontologie" eine Öffnung der Philosophie zur Transzendenz.[20]

---

[18] Ich war durch meinen Lehrer Kamlah gegen die Sprachmagie Heideggers geimpft worden, so insbesondere gegen die Magie seiner letzten Vorlesung „Zeit und Sein". Kamlah hatte als Erster die Sprachmagie Heideggers publizistisch angegriffen – damals ein schlimmer Tabubruch.

[19] Die Kritik an der Kulturkritik bezog sich auf die Dämonisierung moderner Technik, Industrie und Wirtschaft. Darin würden Unterschiede der politischen Strukturen für die Bürger:innen irrelevant. Zur Entfremdung von Heidegger trug vielleicht auch ein Brief des Biologen Friedrich Öhlkers an Bergstraesser v. 04.02.1959 bei (UAF B 0204/32), in dem Öhlkers von seinen Erfahrungen mit Heidegger während der NS-Herrschaft berichtete. Die Ächtung Öhlkers in der NS-Zeit durch Kollegen wegen des jüdischen Stammbaums seiner Frau müssen Bergstraesser aus seinen eigenen Erfahrungen in Heidelberg nach 1933 sehr vertraut gewesen sein. Wanda von Baeyer-Katte berichtet von Bergstraessers Haus als Zentrum eines Kreises von oppositionellen Heidelberger Assistenten und Dozenten, der sich hier zur Besprechung ihrer jeweiligen Probleme und Perspektiven traf.

[20] Dazu Bergstraesser im Interview: „Das Dasein in der Welt mit anderen, das ist gewissermaßen als das Ephemere und Unwesentliche genommen, schon in *Sein und Zeit*. Und das ist eine geistige Verführung, die den Deutschen verhältnismäßig naheliegt, aber die Kluft zwischen Geist und Tat ja noch verbreitet, anstatt sie zu schließen. Hier scheint es mir notwendig zu sein, dass Menschen, die die Fundamentalontologie Heideggers durchdacht haben, in die Bresche springen – man muss sich da ganz persönlich ein-

Als Assistent:innen merkten wir, dass manche Bergstraesser den Status des Emigranten übelnahmen. Es hieß, zwar habe er Deutschland 1937 verlassen müssen, deswegen aber nicht die Leiden erlebt, die „wir" erfahren mussten. So dachten auch renommierte Kolleg:innen. Dazu kam die politische Zerklüftung der Philosophischen Fakultät in Profiteur:innen und Gegner:innen des alten Regimes,[21] von der geraunt wurde, sie habe nach dem Krieg die Habilitationen für Philosophie blockiert. Wir Assistent:innen wussten von diesen Konflikten wenig und bemerkten sie nur gelegentlich. Es wurde eisern geschwiegen.

Politikwissenschaft und Soziologie waren an den deutschen Universitäten noch etwas Neues und Exotisches. Sie wurden von denen, die der neuen demokratischen Ordnung gegenüber misstrauisch waren, als Umerziehungswissenschaften der „Sieger" des Krieges wahrgenommen. Der Freiburger Oberbürgermeister Rolf Böhme sagte bei einem Treffen der Schüler:innen Bergstraessers zu Recht: „Er lehrte uns, an die Demokratie zu glauben." Die Schüler:innen Bergstraessers waren auf ihren Lehrer und seine Disziplin gerade deswegen stolz. Sie fühlten sich in dem damals noch braun gefärbten Umfeld der Nachkriegsgesellschaft als Teil eines um die politische Erneuerung Deutschlands bemühten Unternehmens.

Dazu trugen auch politische Konferenzen Bergstraessers mit Größen der nationalen und internationalen Politik im Bad Godesberger Hotel Dreesen und in der Freiburger Universität bei. Von Kurt Sontheimer und von mir betreut,[22] fanden sie ein starkes Echo in der Öffentlichkeit. Bei der Tagung in Bad Godesberg gab es eine heftige Auseinandersetzung Arnold Bergstraessers mit Adelbert Weinstein, dem für Militaria zuständigen Redakteur in der *Frankfurter Allgemeinen Zeitung*. Als Weinstein darüber klagte, dass den Offizieren der neuen Bundeswehr nicht wie früher in ihren Standorten der ihnen gebührende hohe soziale Rang gewährt werde, kommentierte Bergstraesser diese Sehnsucht nach der politischen Kultur des Reserveoffiziers

---

setzen – und in Richtung, nicht etwa auf die politische Empirie, sondern auf die Möglichkeit eines politischen Philosophierens weiterdenken" (Winters, Interview mit Bergstraesser, Archiv Oberndörfer).

[21] Zur Geschichte der Freiburger Philosophischen Universität und ihrer Professoren vor und in der NS-Zeit vgl. Wirbelauer 2006.

[22] Sontheimer und Oberndörfer haben die Konferenzbeiträge ediert (Sontheimer 1960; Oberndörfer 1960).

im Kaiserreich wütend und lautstark mit dem Hinweis, in den USA bringe man die Armee in „Baracken"[23] in entlegenen Sümpfen unter. Er wisse sehr wohl, weshalb man das so mache. Dieser Streit mit Weinstein hatte eine politisch-publizistische Signalwirkung, da Bergstraessers „Wutanfall" ob der gemeinsam mit Theodor Eschenburg verfassten Denkschrift zur neuen Organisation der Bundeswehr und ebenso ob seiner Mitgliedschaft im Beirat der Bundeswehr für Innere Führung durchaus Gewicht hatte.[24]

Das politikwissenschaftliche Studium erhielt durch die enge Kooperation Bergstraessers mit dem damaligen „Ring politischer Hochschulgruppen" besonders produktive Impulse. Viele Mitglieder der politischen Hochschulgruppen waren Student:innen Arnold Bergstraessers. Zu ihnen gehörten der spätere langjährige Freiburger Oberbürgermeister Rolf Böhme vom Sozialistischen Deutschen Studentenbund, Adolf Theiß vom Liberalen Hochschulbund, langjähriger Präsident der Universität Tübingen, ferner Hans von Sandrart vom damaligen „Ring Christlich-Demokratischer Studenten", zuletzt Vier-Sterne-General der Bundeswehr.

Zum engen Kontakt mit den politisch engagierten Student:innen Freiburgs trug auch ein für Student:innen aller Fakultäten offenes zweistündiges Colloquium Bergstraessers zu aktuellen politischen Fragen bei. Zu einer solchen potenziell konflikträchtigen Veranstaltung hätten heute wohl wenige meiner Kolleg:innen die Motivation und den Mut. Hans Georg Wehling berichtet in diesem Kontext von einer Veranstaltung im Audimax, in der sich Bergstraesser vehement und kritisch mit damaligen Hakenkreuzschmiereien auseinandersetzte. Ich selbst erinnere mich noch an die öffentliche Kritik Bergstraessers an braunem Geist und brauner Politik bei anderen Gelegenheiten, ein Engagement, das auch von akademischen Gremien und der Leitung der Freiburger Universität unterstützt wurde.[25] So hatte beispielsweise die Freiburger Universität im Unterschied zu vielen anderen Univer-

---

[23] Das war etwas demagogisch, da *barracks* im Englischen anders als im Deutschen der korrekte Begriff für Kasernen ist.

[24] Zum Beirat für Innere Führung und dessen Konflikt mit Franz Joseph Strauß vgl. die Briefe Stammlers und Bergstraessers v. 20.06., 19.06. und 14.06.1962 (Archiv Oberndörfer). Die Akten zum Konflikt mit Strauß waren leider nicht zugänglich.

[25] Zum Studium an der damaligen Freiburger Universität vgl. die anschaulichen Schilderungen bei Maier 2013, S. 68–84 und Krippendorff 2012, S. 113–130. Eine bedeutende Rolle auch für die Student:innen der Politik als genialer und inspirierender Lehrer hatte der später nach Konstanz berufene Althistoriker Herbert Nesselhauf.

sitäten das „Farbentragen" von Verbindungen lange blockiert,[26] eine Position, die erst wegen höchstrichterlicher Entscheidungen unhaltbar wurde.[27]
Der breite demokratische Grundkonsens, der für die Bundesrepublik bis zum Ende der Großen Koalition Kurt-Georg Kiesingers bestimmend war, ermöglichte in der Studierendenschaft eine Zusammenarbeit der verschiedenen politischen Hochschulgruppen über alle politischen Gegensätze hinweg. Die politische Polarisierung der Studierenden seit 1968 bis hin zum Fall der Mauer, das gegenseitige Abschotten der politischen Gruppen voneinander mit Feindbildern, die keinen Dialog und persönlichen Kontakt mehr zuließen, gab es noch nicht. Die damaligen politischen Hochschulgruppen, der Sozialistische Deutsche Studentenbund (SDS), der Christlich-Demokratische Hochschulbund (CDH später RCDS) und die Liberale Studentengruppe (LSD), die im „Ring demokratischer Hochschulgruppen" politisch-organisatorisch zusammengeschlossen waren, lieferten sich zwar bei Podiumsdiskussionen heftige rhetorische Gefechte. Nach Abschluss der Veranstaltungen trafen sich die Beteiligten in der vor vielen Jahren geschlossenen Freiburger Weinstube „Dietsch-Haetterich" aber wieder zu gemeinsamem Umtrunk und freundschaftlichem Austausch. Die Freundin oder der Freund kamen oft aus dem anderen politischen Lager. Die Bereitschaft zum Dialog und zur Kooperation ermöglichte gemeinsames politisches Handeln der Student:innen. Die politischen Hochschulgruppen hatten auch nichts einzuwenden gegen die Betreuung und Koordinierung ihrer Aktivitäten durch den Tutor des Colloquium Politicum im Studium generale. Ich war von ihnen einvernehmlich mit Bergstraesser und dem Senat der Universität in dieses Amt berufen worden. In meiner Arbeit als Tutor des Colloquiums konnte ich Freunde in allen genannten Hochschulgruppen gewinnen, denen ich bis heute verbunden bin.

---

[26] Im langanhaltenden Widerstand der Freiburger Universität gegen farbentragende Verbindungen und ihre Traditionen hat der Theologe Johannes Vincke als Rektor (1951/52) eine besonders profilierte und engagierte Rolle gespielt. Dies gilt auch für seine mutige kritische Haltung im NS-System. Vincke wurde 1952 Vorsitzender der Senatskommission für studentische Vereinigungen und das Studium generale.

[27] Farbentragen für Verbindungen innerhalb der Universitäten wurde von Richtern mit der Verkleidung im Karneval gleichgesetzt und für erlaubt erklärt. Diese Gleichsetzung, mit der die politische Bedeutung des Farbentragens verharmlost wurde, ist ein Beispiel für politische Einstellungen deutscher Richter in den Nachkriegsjahren.

2 Bergstraessers Seminar für Wissenschaftliche Politik in Freiburg

Bergstraesser wurde zum Magneten für wissenschaftliche Begabungen. Der Ausbau des Seminars mit zusätzlichen Planstellen für Assistent:innen und Hilfskräfte und seine Fähigkeit zur Erschließung zusätzlicher Finanzierungsmöglichkeiten ermöglichte die Gewinnung weiterer Mitarbeiter:innen. Dazu gehörten die späteren Professoren für Politikwissenschaft Manfred Hättich (München/Tutzing), Karl Gottfried Kindermann (München), Hans Wolfgang Kuhn (Frankfurt), Hans Maier (München), Alexander Schwan (Berlin), Hans Peter Schwarz (Bonn) und Jürgen Schwarz (München). Aus seinem Schülerkreis in Chicago holte Bergstraesser die Politikwissenschaftler Emanuel Sarkysianz (Heidelberg), Muhsin Mahdi (Harvard) und George Romoser (New Hampshire) nach Freiburg. Auch die Soziologen Heinrich Popitz (Basel/Freiburg) und Friedrich Heinrich Tenbruck (Frankfurt/Tübingen) wirkten – wie schon erwähnt – im Institut und Schülerkreis Bergstraessers mit bedeutendem Erfolg. Über Lehrbeauftragte aus dem akademischen Umfeld Freiburgs wurde das Lehrangebot verbreitet. Erwähnen möchte ich hier auch Nikolaus Sombart, der damals im Straßburger Europarat tätig war.[28]

An Bergstraessers soziologischem Hauptseminar am Dienstagabend nahmen in den ersten Jahren zunächst nicht mehr als 20 bis 30 Personen teil. Neben den schon genannten Mitarbeitern gehörten vor allem prospektive Doktorand:innen zur Runde der Teilnehmenden. Hinzu stießen auch interessierte Student:innen aus Nachbardisziplinen. Von ihnen haben viele in der Wissenschaft, in der öffentlichen Verwaltung, der Politik und den Medien Karriere gemacht. So zählten zur ersten Schülergeneration spätere Professoren wie Fritz W. Scharpf,[29] Direktor des Max-Planck-Zentrums für Sozialforschung in Köln, der Staatsrechtslehrer Peter Häberle (Bayreuth), die Politikwissenschaftler Mathias Schmitz (Regensburg), Klaus Kernig (Trier), Hans Wolfgang Kuhn (Frankfurt), Theo Stammen (Augsburg), Eckehart Krippendorff (Berlin), Alexander Morkel (zeitweilig Präsident der Universität Trier), die Soziologen Roland Eckert (Trier) und Hans Dieter Evers (Bielefeld), ferner Peter Jochen Winters, langjähriger Leiter des Berliner Büros der

---

[28] Vgl. Briefwechsel Bergstraessers mit Sombart (UAF B 0204/44).
[29] Die Dissertation Scharpfs wurde nach dem Tode Bergstraessers von Horst Ehmke angenommen, Zweitreferent der Verfasser.

FAZ.[30] Die Fähigkeit Bergstraessers, junge Menschen zu begeistern und begabte Student:innen für das Studium der Politikwissenschaft oder Soziologie zu gewinnen, gründete zunächst vor allem in der Möglichkeit des persönlichen Austausches mit dem akademischen Lehrer. Später wurden Begabungen durch das bundesweite Prestige Bergstraessers und vieler seiner Kollegen in der Philosophischen und Rechts- und Staatswissenschaftlichen Fakultät Freiburgs angelockt.

In der 1954 und 1955 überschaubaren Welt der Freiburger Universität hatte Bergstraesser noch Zeit für seine Student:innen. Nach seiner Vorlesung lud er fast immer in das auch heute noch bestehende Café „Schmidt" gegenüber dem Kollegiengebäude II der Universität ein. Bei wunderbaren Wochenendseminaren mit auswärtigen Gästen im Fachschaftshaus der Universität auf dem Schauinsland, in einem von der Universität angemieteten Haus des Studium generale oder in Todtnauberg und auch im sogenannten Mathematikerhaus in Wolfach gab es leicht Chancen, sich kennen zu lernen.[31] In Exkursionen mit Bergstraesser nach Berlin und Leipzig begegneten wir dem „anderen", kommunistischen Deutschland.[32]

Bergstraesser selbst suchte das Gespräch und den Kontakt zu seinen Student:innen, ja ihre Zuneigung als väterlicher Freund. Dabei waren ihm jene, die sich im Studium schwertaten, ebenso wichtig wie die Besten. Er versuchte auch materiell zu helfen. Wegen seiner Gutmütigkeit wurde er dadurch für viele zu „Joseph, dem Ernährer", zuweilen auch zum zäh Verfolgten, wenn das Stipendium, das er in Aussicht gestellt hatte, ausblieb. Bei allem war seine Autorität unumstritten. Mit beeindruckender Sorgfalt hat er, wie sich in seiner Korrespondenz zeigt, auch Anfragen ihm noch unbekannter auswärtiger Student:innen beantwortet. Als akademischer Lehrer wirkte Bergstraesser primär über geniale Anregungen in seinen Vorlesungen und Seminaren, oft in begeisternder Improvisation vermittelt. In ihnen

---

[30] Einige Student:innen und Doktorand:innen am Seminar Bergstraessers wurden erst nach dessen Tod bei mir promoviert. Ich erwähne hier nur die späteren Professor:innen: Manfred Mols (Mainz), Barbara Schaeffer-Hegel (Berlin), Theodor Hanf (Frankfurt/Freiburg), Hans Weiler (Stanford/Frankfurt a. d. Oder), Wolfgang Jäger (Freiburg), Klaus Faupel (Salzburg), Werner Ruf (Kassel) und Jürgen H. Wolff (Bochum).

[31] Ich erinnere mich hier vor allem an ein bereicherndes Wochenendseminar Bergstraessers im Mathematikerhaus in Wolfach über die normativen Grundlagen der Sozialwissenschaften mit dem Nelsonschüler Gerhard Weisser aus Köln.

[32] Vgl. Krippendorff 2012, S. 135 f.

wurde nicht doziert, sondern auf hohem Niveau referiert und diskutiert.[33] Die Qualität des vorgetragenen Referats entschied über die Rangordnung in der Hierarchie der Assistent:innen und Student:innen. Das liberale Klima der Mitwirkung und das Niveau der Debatten begründeten die Anziehungskraft der Seminare über die Grenzen des Fachs hinaus.

Ganz wesentlich für ihre Attraktivität waren die Rahmenbedingungen des damaligen Studiums. Die nicht verschulte „Wissenschaftliche Politik" Bergstraessers bot einen idealen Raum für Student:innen, die ihr Studium selbst organisieren wollten.[34] Eingebunden in diese Wissenschaftskonzeption Bergstraessers, konnten die Mitarbeiter:innen und Doktorand:innen auch bei der Vorbereitung und Durchführung wichtiger Tagungen mitwirken, gelegentlich Forschungsaufträge zur Internationalen Politik übernehmen und an seinen Aktivitäten zur politischen Bildung teilnehmen.[35] Zuletzt hat Bergstraesser wissenschaftliche Talente gezielt für kulturwissenschaftliche Forschung angeworben und gefördert.[36] So entstanden miteinander verbundene und doch untereinander konkurrierende Gruppen ehrgeiziger junger Forscher:innen. Intellektuelle Anregungen kamen hierbei auch aus Begegnungen mit anderen „Gründervätern" der Politikwissenschaft der noch überschaubaren und eng vernetzten Fachgemeinschaft. Die noch wenigen Professoren der Politikwissenschaft und ihre Mitarbeiter:innen kannten wir persönlich aus Tagungen. Neu erscheinende Hefte der *Politischen Vierteljahresschrift* wurden aufmerksam gelesen. Über inhaltliche Kontroversen wurde im gesamten Fach diskutiert. Als Folge der schnell wachsenden überlokalen

---

[33] Ich erinnere mich hier insbesondere an ein glanzvolles Seminar über die Rechtsphilosophie Hegels im Wintersemester 1956/57.

[34] Es war in der Nachkriegsuniversität auch für frühe Semester möglich an Hauptseminaren teilzunehmen, ohne sich hierzu durch Vorkurse und Proseminare kämpfen zu müssen. So konnte ich problemlos schon im zweiten Semester meines Studiums in München an einem wunderbaren Hauptseminar des Theologen Schmaus über die *Summa Theologica* Thomas von Aquins teilnehmen.

[35] Die Mitarbeiter:innen übernahmen Vorlesungen Bergstraessers und wirkten in den von ihm gegründeten Einrichtungen der politischen Bildung mit. Ich selbst wurde über einen Forschungsauftrag an der Arbeit des von Bergstraesser gegründeten Frankfurter Instituts für Internationale Politik der DGAP beteiligt.

[36] So vor allem für die „Arbeitsstelle für kulturwissenschaftliche Forschung" – später Arnold-Bergstraesser-Institut für kulturwissenschaftliche Forschung. Vgl. hierzu Kap. 4 und Oberndörfer 2011.

Aktivitäten Bergstraessers entstand allerdings bald eine wachsende Distanz zu seinen Schülern. Während der frühe Bergstraesser für seine Mitarbeiter:innen und Student:innen Zeit hatte, gab er nun Anlass zu dem bösen Spott, man könne ihn noch am ehesten bei Zwischenaufenthalten auf Bahnhöfen „ausführlich" sprechen. Die permanente physische und psychische Überbelastung fand gelegentlich in unangenehmen unkontrollierten Wutausbrüchen ihren Ausdruck.

Bergstraessers Engagement in schier unzähligen Aktivitäten wirkte sich auch in der Lehre negativ aus. Da gab es Vorlesungen am Morgen nach einer Nacht im Zug ohne Schlafwagen. Weil er oft improvisierte, wiederholte er gelegentlich, was er zuvor schon mehrfach vorgetragen hatte.[37] Dann leerte sich der Hörsaal. Unangenehm für die Assistent:innen war die auch nach einer missglückten Vorlesung gewünschte Manöverkritik. Da half dann nichts als Ehrlichkeit – Bergstraesser war zu klug, um auf Liebedienerei hereinzufallen. Zugleich war er über zutreffende Kritik nicht sehr erbaut. Unangenehme Ehrlichkeit permanent zu ertragen, fällt wohl jedem schwer.

Ein besonders enger und freundschaftlicher Bezug des Freiburger Seminars bestand zu Theodor Eschenburg und dessen Seminar in Tübingen, desgleichen zum früh verstorbenen Tübinger Historiker Waldemar Besson. Eschenburg beteiligte sich an gemeinsamen Wochenendseminaren mit Bergstraesser im Fachschaftshaus der Universität auf dem Schauinsland. Mit ihm gab es eine faktische Arbeitsteilung. In Freiburg lag der inhaltliche Schwerpunkt auf Ideengeschichte, politischer Theorie und internationaler Politik, in Tübingen auf der Geschichte des Scheiterns der Weimarer Republik, Institutionenlehre und Parteienforschung. Eckehart Krippendorff wurde daher von Bergstraesser für eine Promotion über die liberale Partei der damaligen DDR nach Tübingen „abgeordnet". Das von Krippendorff gewählte Thema zur Parteienforschung könne – so Bergstraesser – besser von Eschenburg betreut werden.[38] Dessen Schrift *Herrschaft der Verbände* vermit-

---

[37] Im Gegensatz hierzu waren die Heidelberger Vorlesungen, wozu im Nachlass umfangreiches Material vorliegt, sehr gründlich ausgearbeitet, es gab zum Beispiel schon Umdrucke für die Hörer:innen.

[38] Krippendorff promovierte schließlich bei Eschenburg. Wolfgang Jaeger erzählte mir von einem Gespräch mit Eschenburg, als er einen Ruf auf dessen Lehrstuhl erhalten hatte. Eschenburg erwähnte, dass er Bergstraesser unter allen Kollegen des Fachs am meisten geschätzt, ja ihn bewundert habe.

2 Bergstraessers Seminar für Wissenschaftliche Politik in Freiburg

Abb. 2: Kollegiengebäude IV der Universität Freiburg, in dem bis 2009 alle Lehrstühle des Seminars für Wissenschaftliche Politik untergebracht waren (Foto: Sandra Meyndt).

telte eine Orientierung für die Akzeptanz des politischen Pluralismus – für einen von uns allerdings ganz selbstverständlich akzeptierten Sachverhalt.[39] Wir hatten das Gegenprogramm der homogenen „Volksgemeinschaft" der NS-Zeit in sehr negativer Erinnerung. Und selbstverständlich setzte sich auch Bergstraesser für die Bejahung des politischen Pluralismus in der Demokratie rückhaltlos ein.

In der Gründungsphase der Politikwissenschaft hatten im Freiburger Seminar wissenschaftstheoretische Fragen nach dem Gegenstand, der Geschichte, der normativen Orientierung und auch der Verantwortung der Politikwissenschaft für die politische Praxis einen besonderen Stellenwert. Dies wird in den Themen der Dissertationen und den Beiträgen der Mitarbeiter Bergstraessers für eine Festschrift zu dessen 65. Geburtstag dokumentiert. Ihre „Einführung in Grundfragen der Tradition und Theorie der Wis-

---

[39] Eschenburg forderte die Kontrolle der Verbandsinteressen durch das Parlament. Die Vertretung von Interessen war für Eschenburg jedoch im Unterschied zu damaligen Kritiker:innen der Verbände wie z. B. Winfried Martini ein legitimer und notwendiger Aspekt der demokratischen Willensbildung.

senschaftlichen Politik" ging aus einem gemeinsamen Oberseminar der Mitarbeiter hervor. Im Vorwort schrieb ich damals, es

> „finden sich in den vorliegenden Arbeiten Unterschiede in den Akzentsetzungen und den Positionen. Ihre innere Einheit ist demgegenüber in der Logik und Verwobenheit der Sachbezüge zu suchen, sowie in jener Gemeinsamkeit des Denkens, wie sie sich in einer im guten Sinne Schule stiftenden Vereinigung herausbildet, in einer Gemeinschaft der mit ihrem Lehrer in persönlicher Verbundenheit vereint Forschenden und Suchenden."[40]

Das klingt nach überzogener Festschriftenlyrik, das Zitat beschreibt den Sachverhalt jedoch treffend. Die Festschrift – nach Hans Maier eine „,Bibel' der Freiburger politischen Schule"[41] – fand in zwei Auflagen Verbreitung und blieb als Einführung in zentrale Themen der Politikwissenschaft lange konkurrenzlos.

---

[40] Oberndörfer 1962, S. 8 (Vorwort).
[41] Maier 2013, S. 83.

3 Zusammenarbeit mit den Vereinigten Staaten

Amerika hatte sich nach dem Ersten Weltkrieg aus Europa zurückgezogen und sich dem Isolationismus verschrieben. Damit war Frankreich in Europa zur dominanten politischen und militärischen Macht geworden. In Deutschland schienen Korrekturen der verhängnisvollen Folgen des verlorenen Krieges auf friedlichem Wege nun nur mit Zustimmung oder Duldung Frankreichs erreichbar zu sein. Für die politischen Eliten der Weimarer Republik wurde Frankreich dadurch zum Orientierungspol ihres außenpolitischen Denkens und Wollens. In dem sich entwickelnden Dialog, in dem die Sprecher der Deutschen versuchten, ihre französischen Partner davon zu überzeugen, dass Konzessionen Frankreichs die Voraussetzung einer dauerhaften Friedensordnung Europas sein müssten, hat Arnold Bergstraesser durch Veröffentlichungen und die Mitwirkung im einflussreichen „Studienkomitee" des luxemburgischen Stahlmagnaten Ernst Mayrisch eine prominente Rolle gespielt.[1]

Nach dem Zweiten Weltkrieg hatte Frankreich für Bergstraesser seinen einstigen politischen Stellenwert verloren. Zwar hat er sich 1955 und 1956 in zwei Aufsätzen zur Rolle Frankreichs in der Weltpolitik und in Europa geäußert. Dies sind jedoch keine Dokumente einer wiederholten engagierten wissenschaftlichen und politischen Beschäftigung mit Frankreich. In der gesamten Freiburger Korrespondenz Bergstraessers finden sich darüber hinaus lediglich Einladungslisten zu deutsch-französischen Konferenzen von Oktober 1956 und November 1957, in denen Verbindungen geknüpft und schon bestehende Beziehungen gepflegt werden sollten. Erwähnenswert ist allenfalls, dass Bergstraesser auf der zweiten dieser Tagungen, einer deutsch-französischen Rektorenkonferenz zum Hauptthema „Politische Bildung an Universitäten",[2] einen Vortrag über „Politik als Wissenschaft" im

---

[1] Vgl. Bock 2005.
[2] Vgl. zu dieser Konferenz die Materialien im Universitätsarchiv Freiburg: UAF B 0204/196–198.

3 Zusammenarbeit mit den Vereinigten Staaten

Zusammenhang seiner Aktivitäten zur Förderung der politischen Bildung gehalten hat. Von Frankreich war darin nicht die Rede.³

Bergstraesser ging es nun primär um die Sicherung und Festigung der Zusammenarbeit mit den Vereinigten Staaten. Im Exil in den USA hatte er in der Zeit des Zweiten Weltkriegs das gewaltige wirtschaftliche und militärische Potenzial der USA kennengelernt und sich für globale Perspektiven geöffnet. Die Überwindung der zerstörerischen Folgen der NS-Herrschaft und die Einbindung der Bonner Republik in die Gemeinschaft der westlichen Staaten konnten aus seiner Sicht am ehesten im Bündnis mit den USA möglich werden. Was Frankreich betraf, war die Unnachgiebigkeit der Dritten Republik bei der Verteidigung ihrer Vormachtstellung in Europa noch in seiner Erinnerung, zumal Frankreich später gegenüber Hitler Konzessionen gemacht hatte, die es dem Weimarer Staat versagt hatte.

In der Option Bergstraessers für Amerika drücken sich wohl auch tiefergehende politisch-kulturelle Perspektiven aus, die sich schon in seiner Heidelberger Zeit andeuten. So äußerte er in seinem Buch über *Staat und Wirtschaft Frankreichs* von 1930 Skepsis hinsichtlich der Überlebenskraft der kulturellen Traditionen Frankreichs in der Moderne.⁴ Demgegenüber verstand er die USA als Prototyp moderner Gesellschaften. Schon während seines Heidelberger Studiums hatte er sich an Bemühungen um einen deutschamerikanischen Studentenaustausch beteiligt. Hoffnungen auf einen Studienaufenthalt zerschlugen sich. Bergstraesser arbeitete dann aber weiterhin am Aufbau des Heidelberger Akademischen Austauschdienstes mit, eines Vorläufers des DAAD.⁵ Über den DAAD kam er zu Beginn der dreißiger Jahre in Verbindung mit Adolf Morsbach, dem damals wohl besten Kenner des amerikanischen Hochschulwesens in Deutschland.⁶ Zugleich wurde er Ver-

---

³ Es handelt sich um einen mehrfach gehaltenen Vortrag Bergstraessers. Er wurde unter dem Titel *Die Stellung der Politik unter den Wissenschaften* veröffentlicht (Bergstraesser 1958, Abdruck auch im Anhang dieses Buchs).

⁴ „Von Deutschland aus gesehen, stellt sich diese Kultur als äußerste Verfeinerung und Ausformung eines römischen Erbes dar, die notwendig der Vergangenheit angehört, auch wo sie der Bewahrung ihrer Formen und Beschränkungen noch tätig ergeben ist und gegenüber dem amerikanisierenden Fortgang der modernen Zivilisation eine feinere Kunst des Lebens verteidigt" (Bergstraesser 1930a, S. 312).

⁵ Vgl. Laitenberger 1976.

⁶ Adolf Morsbach (1890–1937), Geschäftsführer des Deutschen Akademischen Austauschdienstes (DAAD), Leiter der Deutschen Kommission für Geistige Zusammenarbeit, Di-

bindungsmann des Heidelberger Instituts für Sozial- und Staatswissenschaften zur Rockefeller Foundation. Als er dann 1937 mit deren Hilfe Deutschland verlassen konnte, um in den Vereinigten Staaten Asyl zu suchen, kam er in ein Land, für das er durchaus Sympathien hatte.

Für den Kultursoziologen Bergstraesser war die unabdingbare Voraussetzung der Verständigung von Nationen die Wahrnehmung ihrer kulturellen Überlieferungen. Als er 1944 mit George N. Shuster für ein breites Publikum eine kurz gefasste Geschichte Deutschlands schrieb,[7] wollte er in diesem Sinne für die positiven Überlieferungen der Geschichte und Kultur Deutschlands werben und der pauschalen Verurteilung Deutschlands entgegenwirken. Diese Absicht leitete ihn auch bei der Ausrichtung eines Goethe-Bicentennial in Aspen (Colorado), das Bergstraesser zusammen mit dem kunstsinnigen Chicagoer Fabrikanten Walter Paepcke und dem Kanzler und früheren Präsidenten der University of Chicago, Robert M. Hutchins, zu Goethes 200. Geburtstag organisierte. Es wirkte als erster berühmter „Eisbrecher" der damals aus dem Krieg noch nachwirkenden pauschalen Ablehnung deutscher kultureller Traditionen.

In den Nachkriegsjahren waren die USA bei den Bildungseliten Deutschlands kulturell und politisch noch ein ziemlich unbekanntes Land. Mit der politischen Option für Amerika musste daher für den Kultursoziologen und *homo politicus* Bergstraesser die Vermittlung von Kenntnissen der Kultur und Politik der Vereinigten Staaten zu einer für ihn besonders wichtigen Aufgabe werden. So ist es symptomatisch, dass er seine Rückkehr nach Deutschland mit der Vertretung einer Professur für amerikanische Kulturgeschichte 1952 in Erlangen begann. Sein im Juni 1953 auf der Gründungsversammlung der deutschen Gesellschaft für Amerikastudien (DGfA) gehaltenes Referat über „Konzept und Methodik der deutschen Amerikastudien" wurde sogleich zum programmatischen Rahmen der deutschen Amerikanistik, zu ihrem

---

rektor der „Kaiser-Wilhelm-Gesellschaft". In Zusammenarbeit mit der Rockefeller-Stiftung bewirkte er den Ausbau der Kontakte zu amerikanischen Universitäten. Morsbach unternahm 1929 und 1930 ausgedehnte Reisen zum Studium des amerikanischen Universitätssystems mit Kontakten zu mehr als siebzig Hochschulen. Im Zusammenhang des Röhm-Putsches kam Morsbach in Gefängnishaft und wurde zeitweise im KZ Dachau interniert (vgl. hierzu Albrecht 1999). Er starb wenig später an den Folgen dieser Inhaftierung.

[7] Shuster/Bergstraesser 1944.

„Leitaufsatz".[8] Bergstraesser forderte und definierte Amerikastudien als „kooperatives" interdisziplinäres „Experiment" von Kultur- und Sozialwissenschaften. Noch von Chicago aus und kurz vor Antritt seines Freiburger Lehrstuhls im Dezember 1953 setzte er sich in dem schon erwähnten Brief an den Dekan der Freiburger Philosophischen Fakultät für die Einrichtung einer Professur für Amerikastudien ein.[9] Auch dies illustriert die Bedeutung, die er nun dem Aufbau von Amerikastudien zuschrieb.

1963 gelang mit der Gründung des John-F.-Kennedy-Instituts für Amerikastudien an der Freien Universität in Berlin eine Umsetzung seiner Wünsche für die deutsche Amerikanistik. Ernst Fraenkel hat die Vaterschaft Bergstraessers für die Gründung des Kennedy-Instituts sehr nachdrücklich unterstrichen.[10] Neben dem Kennedy-Institut kann das Frankfurter Zentrum für Amerikaforschung als Verwirklichung der Pläne Bergstraessers gelten.[11] Obwohl sich in der Entwicklung der deutschen Amerikanistik bald wieder ein Übergewicht der Literaturwissenschaft ergab, blieb sie mit ihrer konzeptuellen Programmatik doch offen für kultur-, politik- und sozialwissenschaftliche Forschung und Lehre. Bergstraessers Bemühungen für eine sozial-, politik- und kulturwissenschaftliche Amerikanistik wurden begleitet von zahlreichen Zeitungsaufsätzen, Vorträgen und Radiobeiträgen, in denen er sich kritisch mit dem Antiamerikanismus der Nachkriegsjahre auseinandersetzte.[12] Gerade diese publizistische Tätigkeit, die über die Wochenzeitschrift *Christ und Welt* Resonanz im bürgerlichen Milieu fand, wurde als

---

[8] Die DGfA veröffentlichte den Beitrag Bergstraessers 1956 als „Leitaufsatz" unter dem Titel *Amerikastudien als Problem der Forschung und Lehre* in der ersten Ausgabe des Jahrbuchs für Amerikastudien (Bergstraesser 1956). Zur Rolle Bergstraessers für die Entwicklung der deutschen Amerikanistik vgl. vor allem Anke Hildebrandt-Mirtschinks (2004) sorgfältige Studie. Zur Bedeutung von Bergstraessers Referat für die Amerikanistik vgl. auch Berg/Gassert 2004. Zur Geschichte der Amerikanistik und der DGfA vgl. Paulus 2010.

[9] Brief v. 28.12.1953 an Prof. Johannes Lohmann, Dekan der Freiburger Philosophischen Fakultät (Archiv Oberndörfer).

[10] Vgl. Fraenkel 1965 (auch hier im Anhang dieses Buchs).

[11] Iriye 2004, S. 37. Erwähnt sei auch die Unterstützung des von Eduard Baumgarten in Stuttgart gegründeten George-Washington-Instituts für Amerikastudien, wo Bergstraesser in einem Interessenkonflikt mit dem Frankfurter Institut für Sozialforschung als Vermittler tätig wurde.

[12] Beispielsweise Bergstraesser 1962c.

wesentlicher Beitrag zur Verwestlichung der frühen Bundesrepublik gewürdigt.[13]

Bemühungen um ein Verständnis der amerikanischen Kultur und Demokratie waren eingebettet in vielfältige politische und mediale Aktivitäten. Über ein Netz persönlicher Kontakte und die Funktionen als Vorsitzender der Atlantikbrücke, als Berater des American Council on Germany, des Kuratoriums der Thyssen-Stiftung und als Präsident der Deutschen UNESCO-Kommission gewann Bergstraesser eine Schlüsselrolle bei der Kommentierung wichtiger deutsch-amerikanischer Vorgänge. Dabei unterstützten ihn seine Freunde Christopher Emmet[14] und George N. Shuster.[15] Beide waren Gründungsmitglieder des American Council on Germany.[16] Ansprechpartner:innen Bergstraessers für deutsch-amerikanische Angelegenheiten waren vor allem der Vorsitzende der Thyssen-Stiftung und Bundestagsabgeordnete Kurt Birrenbach[17] sowie Claus Dohrn, Korrespondent der Magazine *Life* und

---

[13] Beispielsweise Alfons Söllner (2006, S. 199) unterstreicht die Bedeutung der Beiträge Bergstraessers zur Verwestlichung der politischen Kultur der frühen Bundesrepublik.

[14] Christopher Emmet, Menschenrechtsaktivist, Gegner des Nationalsozialismus in der amerikanischen Innenpolitik schon in der Zwischenkriegszeit, war ein mutiger Freund Deutschlands. Zu Christopher Emmet vgl. Archiv Institut für Zeitgeschichte, Bestand Marcia L. Kahn, Bd. 5–7.

[15] George N. Shuster, später amerikanischer Hochkommissar für Bayern, war bei Kriegsausbruch Präsident des Hunter College in New York, des größten amerikanischen Frauencolleges. Sein hohes Ansehen im katholischen Amerika machte ihn zu einem wichtigen Verbündeten Roosevelts und der Demokraten. Shuster ermöglichte Brüning und anderen deutschen politischen Flüchtlingen das Exil in den USA. Er hat ferner mit Bergstraesser in einem Projekt der amerikanischen Regierung zur Vorbereitung der Deutschlandpolitik der USA zusammengearbeitet. Zu George Shuster vgl. die Biografie von Thomas E. Blantz (1993).

[16] Das American Council on Germany wurde 1952 u. a. von Ellen McCloy, Lucius D. Clay, Christopher Emmet, Joseph Kaskell, George N. Shuster und Eric M. Warburg gegründet. Gründungsmitglied war auch der aus Deutschland emigrierte Historiker Norbert Muhlen, wie Warburg mit Bergstraesser befreundet.

[17] Hierzu das Vorwort Bergstraessers zu der von ihm herausgegebenen Studie Kurt Birrenbachs (1962). Birrenbach, 1957 bis 1965 Vizepräsident der Europa-Union und von 1973 bis 1981 Präsident der DGAP, war einer der einflussreichsten und kenntnisreichsten Außenpolitiker des Bundestages. Aus der Korrespondenz mit Bergstraesser ergibt sich das Bild eines auf Hochachtung gegründeten dichten, sehr persönlichen Austausches. Zum Außenpolitiker Birrenbach vgl. Hinrichsen 2002.

Time für Europa und einflussreicher Berater von Bundeskanzler Konrad Adenauer. Die von Bergstraesser einberufenen und geleiteten deutsch-amerikanischen Konferenzen der Jahre 1959 und 1960 in Bad Godesberg und Freiburg sind Beispiele der Bedeutung, die die Festigung der deutsch-amerikanischen Beziehungen für ihn hatte. In den Teilnehmerverzeichnissen finden sich viele bekannte Namen. So hatte bei der Bonner Konferenz Henry Kissinger seinen ersten Auftritt in Deutschland. An ihr beteiligten sich auch der ehemalige amerikanische Außenminister Dean Acheson und der damalige Abgeordnete Helmut Schmidt, einer der wenigen damaligen deutschen Experten für Fragen des atomaren Krieges, der eben von einem Seminar in Harvard kam. Auch der frisch gewählte Bundespräsident Heinrich Lübke hielt hier seine erste öffentliche Rede.[18]

In Gesprächen äußerte Bergstraesser wiederholt seine Angst vor einer Rückkehr der amerikanischen Politik in den Isolationismus.[19] Er erhoffte sich vom Engagement der USA in Europa vor allem die Stabilisierung der neuen Demokratie Deutschlands.

Für mich wurde die tiefe persönliche Verbundenheit Bergstraessers mit den Vereinigten Staaten bei einer zufälligen Begegnung mit ihm im Aufzug des Kollegiengebäudes der Universität Freiburg kurz nach der Ermordung Kennedys besonders augenfällig. Vor Erregung kaum fähig zu sprechen, gab er seiner tiefen emotionalen Betroffenheit vom Tod Kennedys Ausdruck. Diese Verbundenheit mit den USA bekundete er auch in einer bewegenden Rede über Kennedys Ermordung zu nächtlicher Stunde vor dem Münster Freiburgs. Wie für die meisten deutschen Emigranten waren die USA auch für Bergstraesser eine zweite Heimat geworden. Es passt dazu, dass uns Bergstraesser einschärfte, es dürfe „nie wieder zu einem Konflikt" mit den Vereinigten Staaten kommen.

---

[18] Sie war, wie alle merken konnten, von ihm selbst verfasst worden, interessant und erfreulich. Für mich als jungen Assistenten sehr interessant war eine Begegnung mit dem früheren amerikanischen Außenminister Dean Acheson, weniger erfreulich das arrogante Verhalten des Bundestagsabgeordneten Freiherr von Guttenberg.

[19] Auf diesem Hintergrund erhielt ich einen Forschungsauftrag über „die Koexistenz in der amerikanischen Außenpolitik", eine Arbeit, mit der ich mich schließlich 1959 habilitieren konnte.

3 Zusammenarbeit mit den Vereinigten Staaten

Abb. 3: Das Arnold-Bergstraesser-Institut in Freiburg (Foto: Ingeborg Lehmann/Arnold-Bergstraesser-Institut).

4 Weltpolitik als Wissenschaft

Nach Erhalt des Rufes nach Freiburg beschrieb Bergstraesser im Dezember 1953 in einem Brief an Professor Johannes Lohmann, den Dekan der Freiburger Philosophischen Fakultät, das von ihm geplante künftige Vorlesungsprogramm.[1] Eine Vorlesung über „Theoretische Staatswissenschaft" und eine Vorlesung über „Politisches Denken der Gegenwart" sollten mit einer Vorlesung über „Grundzüge der Weltpolitik" abgerundet werden. Diese dritte Hauptvorlesung im Fach wurde von Bergstraesser als „Einführung in die Weltpolitik" und nicht, wie auch damals üblich, als Einführung in die Internationale Politik bezeichnet. Bergstraesser hat hier wie auch in den Ankündigungen seiner Vorlesungen und Seminare sein Verständnis Internationaler Politik, des Kernbereichs seines Freiburger akademischen Wirkens, definiert. Internationale Politik konnte für ihn nur als „Weltpolitik" wissenschaftlich angemessen beschrieben und analysiert werden.[2]

1955, ein Jahr nach der Annahme des Rufs nach Freiburg, konkretisierte Bergstraesser bei seiner Wahl zum ersten Direktor des neuen Forschungsinstituts der Deutschen Gesellschaft für Auswärtige Politik (DGAP) in Frankfurt[3] sein Verständnis der Internationalen Politik als Weltpolitik. Diese neue

---

[1] Vgl. UAF B 0204/31.
[2] Nach den Vorlesungsverzeichnissen wurden 1954–1959 die folgenden Vorlesungen, Seminare und Übungen von Bergstraesser zur Weltpolitik angekündigt: WS 1954/55 Grundfragen der Weltpolitik (Übung); SS 1956: Weltpolitik 1945–1956 (Vorlesung); Hauptprobleme der Weltpolitik (Vorlesung); WS 1956/57: Weltpolitik der Gegenwart (Seminar); SS 1957: Einführung in die Weltpolitik (Vorlesung), Theorie der Weltpolitik (Seminar); WS 1957/58: Weltpolitisches Seminar; SS 1958: Weltpolitisches Seminar; WS 1958/59: Weltpolitisches Colloquium.
[3] Zur DGAP vgl. Daniel Eisermanns vorzügliche Studie (1999). Von den Gründern der DGAP war ursprünglich ein Institut nach dem Vorbild des britischen Royal Institute for International Affairs geplant worden. Bergstraesser hatte dies schon 1950 bei einem Besuch in Kiel bei Theodor Steltzer (Kreisauer Kreis, im Widerstand gegen Hitler zum Tode verurteilt, der von den Alliierten eingesetzte erste Ministerpräsident Schleswig-Holsteins; zur Biografie: Alberts 2009) angeregt. Steltzer hatte versucht, Bergstraesser als Leiter des Kieler Instituts für Weltwirtschaft und für eine Professur in Kiel zu gewinnen. Er war als Geschäftsführender Präsident der DGAP auch einer der maßgeblichen

Funktion übte Bergstraesser neben seiner Professur in Freiburg bis zu seinem „faktischen Rückzug" aus der Institutsleitung im Juli 1958 aus.[4] Zur Veranschaulichung von Bergstraessers Energiepotenzial sei hier nochmals erwähnt, dass er 1957 zugleich die 500-Jahrfeier der Freiburger Universität organisiert hatte.

Neben der Leitung des Instituts der DGAP und dessen technisch-personellem Aufbau war für ihn und seinen kongenialen Stellvertreter im Frankfurter Institut, Wilhelm Cornides,[5] die erstmalige Herausgabe eines „Jahrbuchs für Internationale Politik" das primäre Ziel. Trotz großer personeller und finanzieller Probleme beim Aufbau des Instituts[6] wurde dieses Ziel schon 1958 mit der Veröffentlichung des Jahrbuchs *Die internationale Politik 1955 – eine Einführung in das Geschehen der Gegenwart* verwirklicht.[7] Der Inhalt des Jahrbuchs kann als wissenschaftliche Analyse des „Weltgeschehens" und seiner kulturellen Dimensionen beschrieben werden. Der Band integriert auf eindrucksvolle Weise Einzelbeiträge zur Politik in den großen Regionen der Welt. Den theoretischen Rahmen lieferte Bergstraesser mit einem einleitenden olympischen Essay unter dem programmatischen Titel *Die weltpolitische Dynamik*

Väter der Institutsgründung in Frankfurt. Die Orientierung der Frankfurter Institutsgründung am Royal Institute scheiterte an der Haltung des Auswärtigen Amts und an fehlenden finanziellen Ressourcen.

[4] Im Juli 1958 war die Tätigkeit Bergstraessers als Leiter des Forschungsinstituts durch die Einstellung eines Geschäftsführers und die Reduktion seiner Rechte als Direktor „faktisch" beendet worden (Eisermann 1999, S. 111). Der Direktor des DGAP musste nach einer Satzungsänderung nunmehr hauptamtlich tätig sein, was Bergstraesser wegen seiner Professur in Freiburg nicht möglich war. Bergstraesser wirkte jedoch auch am folgenden zweiten Jahrbuch mit (Eisermann 1999, S. 111 f.).

[5] Wilhelm Cornides war der Gründer und Herausgeber des Europaarchivs, des wissenschaftlichen und personellen Gründungskerns des Forschungsinstituts der DGAP. Zwischen ihm und Bergstraesser gab es trotz wechselseitiger persönlicher Hochachtung und Übereinstimmung in der Grundkonzeption des Forschungsinstituts und des Jahrbuchs schwere Konflikte. Die emotional aufgeladene Hassliebe zwischen Bergstraesser und Cornides (vgl. Eisermann 1999, S. 100) war im Freiburger Institut Tagesgespräch.

[6] Die anfänglichen finanziellen Engpässe konnten durch eine großzügige Hilfe der Rockefeller-Stiftung bewältigt werden. Dafür waren vielleicht auch die persönlichen Beziehungen Bergstraessers zur Stiftung in den dreißiger Jahren förderlich.

[7] Bergstraesser/Cornides 1958. Zur wissenschaftlichen und politischen Bedeutung des Jahrbuchs in der sich damals globalisierenden Politik vgl. Schwarz 2010, S. 17 f.

der Gegenwart. In ihm wurde die „kultursoziologische Perspektive" herausgearbeitet.[8]

Bergstraesser diskutierte den für die Internationale Politik entstehenden „weltpolitischen Gesamtzusammenhang", in dem sich „Gesellschaftspolitik und Außenpolitik wechselseitig durchdringen". Die normative Vorgabe der Politik „im Weltgeschehen" ist die humane „Ordnung der Welt".[9] Wegen der fundamentalen Bedeutung der Kultur für das politische Handeln benötige die nunmehr geforderte „Erziehung zum weltpolitischen Denken" Kenntnisse der Kulturen der in die Weltpolitik eintretenden neuen Staaten Asiens und Afrikas. Nur so seien Verständigung und Fortschritte für den Bau einer humanen, freiheitlichen Welt möglich. Von Deutschland und Europa, dessen Gewicht in der Welt von jetzt ab schnell schrumpfen werde, fordert Bergstraesser in diesem Zusammenhang nachdrücklich die Aufgabe provinziel-

---

[8] Eisermann 1999, S. 111.

[9] Bergstraesser 1965b, S. 146 f. Eine interessante Auseinandersetzung mit Bergstraessers Weltpolitik findet sich auch bei Alfons Söllner. Söllner hat ihre zukunftsweisende Bedeutung gesehen. Polemisch klebt er allerdings Bergstraesser ironisierende Etiketten wie „humanistische Wertewelt", „neuhumanistische Werterestauration" und „Restauration der abendländischen Wertewelt" auf (Söllner 2006, S. 191–195). Der von Bergstraesser geforderte „europäische Welthorizont" im Sinne einer Hinwendung auf „die Menschheit" und „das Menschliche" richtete sich jedoch gerade gegen die ihm dabei unterstellte „abendländische Beschränktheit". Mit „Welthorizont" ist eine „Form der Humanität" gemeint, „die nicht Europa, sondern namens Europa die Menschheit fordert und uns lehrt, aus der Ehrfurcht vor den mannigfaltigen Bildungen der nationalen Kulturen ein neues Pathos der Toleranz in uns selbst auszubilden". „Europa erscheint als eine geistige Wirklichkeit, die nicht allein besteht, sondern in die Zukunft der menschlichen Daseinsgestaltung als Möglichkeit und Verpflichtung hineinragt" (Bergstraesser 1965b, S. 163). Söllner diagnostiziert bei Bergstraesser auch den Mangel einer „ausgereiften Wissenschaftstheorie" und wirft ihm „wissenschaftstheoretische Dürftigkeit" vor (Söllner 2006, S. 196 ff.). Aber wer hat schon eine „ausgereifte Wissenschaftstheorie"? Wir fragen da nicht weiter. Söllner komplettiert diese Attacke mit dem weiteren Vorwurf, Bergstraesser habe mit seinem Frankreichbuch doch nur *ein* einziges Buch und das noch dazu in der Heidelberger Zeit produziert. Dieses Frankreichbuch – am Vorabend der NS-Machtergreifung publiziert – wurde von Ernst Fraenkel wesentlich freundlicher bewertet (Fraenkel 1965, S. 255). Zuletzt wurde das Frankreichbuch von Andreas Anter als vergessene Pionierarbeit neu entdeckt (Anter 2011). Bergstraesser hat sich nach 1933 und ab 1936 in Amerika der Literatur und Geschichte zugewandt, eine Form der Zuflucht in Bereiche, die für ihn existentiell wesentlich waren.

len nationalstaatlichen Denkens. Ohne sie müsse eine „geglückte" Begegnung mit den Kulturen der Welt scheitern. Damit wurde der epochale neue weltpolitische Wirkungszusammenhang und in ihm der politische und kulturelle Bedeutungsgewinn der „Dritten Welt" zu einer Zeit wahrgenommen und betont, als 1957 mit der Unabhängigkeit Ghanas die Entkolonialisierung in Afrika und anderen Regionen der „Dritten Welt" gerade erst begonnen hatte. Die meisten Zeitgenossen haben die weltgeschichtliche Bedeutung der Entkolonialisierung und die mit ihr verbundene kulturelle geistige Problematik für Europa damals wenig begriffen. Demgegenüber hat Bergstraesser als einer der Ersten die beginnende kulturelle Globalisierung als künftige zentrale Herausforderung der Politik thematisiert. Er war damit seiner Zunft um Jahrzehnte voraus.[10] Dass Bergstraesser mit der von ihm beschriebenen neuen „weltpolitischen Dynamik" aber noch sehr unzeitgemäß war, zeigte sich in dem mäßigen Verkaufserfolg des Jahrbuchs (ca. 780 Exemplare) und dem insgesamt positiven, aber doch zurückhaltenden Echo der Rezensent:innen. Lediglich die Rezension des bekannten britischen Historikers Geoffrey Barraclough scherte mit einem nachgerade überbordenden Lob aus den anderen durchaus positiven, aber wenig substanziellen Reaktionen freundlichen Wohlwollens aus.[11] Allerdings wurde der pädagogische Erfolg des Jahrbuchs im Sinne einer „Erziehung zum weltpolitischen Denken" durch dessen voluminösen Umfang von über 1000 Seiten behindert. Dies galt vermutlich auch für die davon ebenfalls überforderten Abnehmer:innen im Auswärtigen Amt. Wegen der hohen finanziellen Kosten des Jahrbuchs wollte das Präsidium der DGAP das Wagnis eines kul-

---

[10] Zum weltpolitischen Wirkungszusammenhang der Gegenwart vgl. Rittberger 2009.
[11] Barraclough (1959, S. 62) vergleicht das Jahrbuch „Die Internationale Politik" mit den Surveys des Royal Institute for International Affairs: „it may immediately be said that the plan and execution of the present book show many advantages. Less tied than the Chatham House publications to a detailed chronological sequence, it succeeds better in establishing the broad underlying currents in international affairs, and in relating them to the social, economic, and cultural factors influencing policy. It is also more scholarly in approach, placing less reliance upon ephemeral newspaper reporting and more upon the specialized studies of experts. All in all this is the most impressive volume of its class which I have seen so far, and the authors and contributors are to be congratulated on the successful launching of what promises to be a series of the highest quality". Weitere Rezensionen bei Eisermann 1999, S. 110.

tursoziologischen Fortsetzungsbandes im bisherigen Umfange nicht eingehen.

Im Forschungsinstitut selbst hatte es erhebliche Spannungen zwischen Bergstraesser, Cornides und den Mitarbeiter:innen des Instituts gegeben. Obwohl es Bergstraesser trotz häufiger Abwesenheit von Frankfurt gelungen war, dort mithilfe von Wolfgang Kuhn und seiner aus Chicago hinzugekommenen Schüler Emanuel Sarkisyanz[12] und Gottfried Karl Kindermann die Fäden in der Hand zu behalten, hatte seine insgesamt doch unzureichende Präsenz negative Folgen für das Frankfurter Institut.

Mit seinem Essay über die weltpolitische Dynamik und dem Jahrbuch war Bergstraesser wieder zu seinen wissenschaftlichen Ursprüngen in der Heidelberger Kultursoziologie zurückgekehrt. Das war aber nur der Beginn: Das Engagement Bergstraessers verstärkte sich in der Folge über weitere Veröffentlichungen und vor allem durch den Aufbau der „Arbeitsstelle für kulturwissenschaftliche Forschung" in Freiburg. Deren Gründung wurde von ihm seit 1958 planmäßig vorbereitet – 1964 wurde sie in Arnold-Bergstraesser-Institut umbenannt. Da Bergstraesser nach der Fertigstellung des Jahrbuchs seine nach Frankfurt geholten Schüler aus seiner Zeit in Chicago, Sarkisyanz und Kindermann, verstärkt für die Mitarbeit in Freiburg gewinnen konnte, stellten sie nun den wissenschaftlichen Grundstock der „Arbeitsstelle".[13] Mithilfe der Kulturabteilung des Auswärtigen Amtes und später auch des Kultusministeriums Baden-Württembergs konnten Doktorand:innen für die Thematik der „Dritten Welt" und der Aufbau einer Spezialbibliothek finanziert werden.

Die Gründung der Arbeitsstelle wurde von Beiträgen Bergstraessers begleitet, die Ernst Fraenkel zu Recht als in die Zukunft weisendes „Vermächtnis" bezeichnet hat. Schon einige ihrer Titel signalisieren ihre Botschaften: *Gesellschaftspolitik in der heutigen Weltkonstellation* (1959),[14] *Der kulturelle Welthorizont* (1961), *Gedanken zu Verfahren und Aufgaben der kulturwissenschaftlichen Gegenwartsforschung* (1962), *Die Hoffnung auf eine weltweite politische Ord-*

---

[12] Manuel Sarkisyanz wurde kurz nach dem Tod Bergstraessers an das Heidelberger Südasieninstitut als Professor für Politik und Kultur Südasiens berufen.
[13] Für den Aufbau der der Arbeitsstelle holte Bergstraesser auch seinen Schüler Muhsin Mahdi aus Chicago nach Freiburg. Mahdi wurde später Direktor des Centers of Middle East Studies in Harvard.
[14] In: Bergstraesser 1961b, S. 158–172.

nung (1964). Das zentrale Thema dieser weitsichtigen Überlegungen zum globalen Kulturwandel ist „der Umbruch der Kulturen, der alle Völker der Erde erfasst". Dieser „Kulturwandel ist universal", er betrifft auch den Westen.

> „[D]ie sich unaufhaltsam vollziehende Veränderung der wirtschaftlichen und sozialen Daseinsformen und Vorstellungen habe[ ] jeder Möglichkeit, von einem provinziellen Vorstellungskreis oder von Residuen der Vergangenheit her die Gegenwart zu begreifen, ein Ende gesetzt."[15]

Als zentrale Aufgabe der nun geforderten „kulturwissenschaftlichen Gegenwartsforschung" wird die Analyse des globalen kulturellen Wandels gesehen.

> „Der Horizont, von dem aus dieser Kulturwandel verstanden werden kann, muss der einer umfassenden Fragestellung sein: die Universalität des Vorgangs stellt ihn in das Licht der Frage nach der Zukunft des Menschen überhaupt (...). Die Idee der Humanität (...) kann in diesem Augenblick der Geschichte nicht bedeutungslos sein. Denn trotz der Mannigfaltigkeit ihrer Kulturen, trotz der sie noch beherrschenden wirtschaftlich-sozialen Unterschiede und politischen Spannungen sehen wir die Welt von heute als eine Einheit im Werden."[16]

Auf diesem Hintergrund begann Bergstraesser 1961 mit dem Herder Verlag und Professor Oskar Koehler das ehrgeizige Projekt einer „Enzyklopädie der Weltzivilisationen".[17] Ihre personelle und institutionelle Grundlage bildete zunächst die „Forschungsstelle für Weltzivilisation" im Herder Verlag. Mit „Weltzivilisation" knüpfte das Vorhaben an die Begrifflichkeit der „Cultural Anthropology" Robert Redfields an, mit dem Bergstraesser in Chicago zusammengearbeitet hatte.[18] Im Gegensatz zu deutschen Traditionen des Kulturverständnisses wird hier die technisch-materielle Zivilisation auch als Teil der Kultur gesehen. Zivilisation wird so zum integrativen Sammelbegriff für kulturelle Werte, Wirtschaft und Technik. Mit dem Forschungsvorhaben sollte eine Synopse der Geschichte und der Entwicklungen der Zivilisationen der Welt im obigen Sinne versucht werden.

---

[15] Bergstraesser 1965b, S. 85.
[16] Ebd., S. 85.
[17] Schott, Erinnerungen eines Ethnologen an Arnold Bergstraesser und die Anfänge der Arbeitsstelle für kulturwissenschaftliche Forschung (Archiv Oberndörfer), S. 6.
[18] Während Bergstraesser der Politikwissenschaft der Merriam-Schule in Chicago anscheinend wenig abzugewinnen vermochte, haben ihn Redfields modernisierungstheoretische Ansätze in dessen Kultur- und sozialanthropologischen Studien über Wandlungen in dörflich-bäuerlichen Gesellschaften stark geprägt.

Als Vorsitzender des Beirats der „Forschungsstelle Weltzivilisation" im Herder Verlag betreute Bergstraesser die für dieses Projekt gewonnen Sozialwissenschaftler:innen mit vielen Exposés.[19] Personell kam es dabei zu einer engen Verflechtung mit den Mitarbeiter:innen in Bergstraessers „Arbeitsstelle für kulturwissenschaftliche Forschung". Die Konzeption für das Vorhaben Weltzivilisation war von ihm in einem detaillierten Antrag an die Thyssen-Stiftung entwickelt worden.[20] Geplant waren sechs Bände in deutscher und englischer Sprache. Besondere Aufmerksamkeit wurde der Kultur Indiens gewidmet – wohl eine Vorbereitung auf eine Indienreise, an deren Folgen Bergstraesser im Frühjahr 1964 unmittelbar nach seiner Rückkehr nach Deutschland verstarb. Ohne seinen geistigen Vater und Motor kam dieses groß angelegte Projekt bald zum Erliegen.

Mit dem Vorhaben Weltzivilisation verbunden war eine „sowjetologische Enzyklopädie".[21] Unter dem Herausgeber Claus Kernig wurde sie mehrere Jahre nach dem Tode Bergstraessers mit Erfolg und positiver Resonanz fertiggestellt. Bergstraessers Beiträge zum Projekt Weltzivilisation, insbesondere eine Typologie der Formen des Kulturwandels der Gegenwart und die Protokolle der Debatten mit den Mitarbeiter:innen der Forschungsstelle, sind eindrucksvolle Dokumente seiner Kultursoziologie.

Als Vorsitzender der Deutschen UNESCO-Kommission hat Bergstraesser versucht, auch politisch auf die Öffnung der deutschen Kulturpolitik für das „kulturelle Weltgeschehen" hinzuwirken und sich darüber selbst zu informieren.[22] Besondere Bedeutung hatte für ihn die schon erwähnte Reise nach Indien, in deren Rahmen er Gespräche mit dem indischen Staatspräsidenten

---

[19] Unter den gewonnen Mitarbeiter:innen ist vor allem Rüdiger Schott zu nennen. Er übersiedelte zur Mitarbeit an Bergstraessers „Weltzivilisation" nach Freiburg. Nach dem Tode Bergstraessers wurde er sogleich 1965 auf einen Lehrstuhl für Ethnologe in Münster berufen. Vgl. hierzu Schott, Erinnerungen eines Ethnologen an Arnold Bergstraesser und die Anfänge der Arbeitsstelle für kulturwissenschaftliche Forschung (Archiv Oberndörfer).
[20] „Description of the Encyclopedia of World Civilization", vgl. hierzu die Korrespondenz im UAF B 0204/168.
[21] Zu Bergstraessers Exposé zur „Sowjetologischen Enzyklopädie" vgl. Kernig 1969.
[22] Zur Tätigkeit Bergstraessers für die Deutsche UNESCO-Kommission vgl. die Unterlagen in UAF B 0204/279.

4 Weltpolitik als Wissenschaft

Abb. 4: Arnold Bergstraesser abgebildet in Büchern (Foto: Arnold-Bergstraesser-Institut).

und wichtigen Intellektuellen Indiens führte.[23] Armin Mohr hat den visionären Beitrag Bergstraessers zum „weltweiten Wirkungszusammenhang" der Politik und des globalen Kulturwandels in seiner problemorientierten, noch immer nicht überholten Geschichte der Politikwissenschaft beschrieben:

> „Allein Arnold Bergstraesser versuchte, die Dynamik der Weltpolitik konzeptionell einzufangen (...), eine gewissenhafte Beurteilung der weltpolitischen Lage konnte ohne kultursoziologische Konstellationsanalyse, ohne die Analyse der Träger und der Verfahren der Weltpolitik und ohne die Berücksichtigung der einfließenden geistigen Traditionen auf dem Wege einer synoptischen Gesamtschau nicht vorgenommen werden (...). Für Bergstraesser konnte es im 20. Jahrhundert eigentlich keine Außenpolitik oder internationale Politik mehr geben, sondern allein eine Weltinnenpolitik".

---

[23] Zur Indienreise Bergstraessers und seinen Gesprächen mit indischen Wissenschaftlern und dem indischen Staatspräsidenten gibt es einen ausführlichen Bericht des indischen Generalkonsuls in Stuttgart (UAF B 0204/203). Auf die besondere Bedeutung Indiens für Bergstraesser verweist auch ein von ihm bei der Volkswagenstiftung mit Erfolg beantragtes Forschungsvorhaben über indische Eliten, das später von Gottfried Karl Kindermann und Dagmar Bernstorff durchgeführt wurde.

Nur auf dieser Grundlage schien „eine Verständigung zwischen den Völkern möglich. Die internationale Politik ist zugleich Gesellschaftspolitik".[24]

---

[24] Mohr 1988, S. 330 f. Mohrs an den Kontroversen in der deutschen Politikwissenschaft orientierte Studie ist ein positives Gegenmodell zu Bleeks harmonisierender Geschichte der Politikwissenschaft in Deutschland (Bleek 2001).

5 Politikberatung

Bergstraesser engagierte sich bald mit der Rückkehr nach Deutschland in der Politikberatung. Nach seinem Verständnis der Politikwissenschaft als praktischer Wissenschaft war das für ihn eine moralisch und sachlich verpflichtende Aufgabe. In der Geschichte der Bonner Republik hatten damals die Auseinandersetzungen über die Wiederbewaffnung und Demokratieverträglichkeit der neuen Armee einen hohen politischen Stellenwert. Politische Bildung erhielt damit einen ganz besonderen Aktualitätsbezug. Sie sollte nicht auf den Bereich der Kasernen beschränkt werden. Die Demokratie der Republik musste durch politische Bildung in der Armee und in der Gesellschaft, aus der die künftigen Soldaten kommen würden, gefördert und stabilisiert werden. Das damit verbundene Programm für die Streitkräfte wurde mit dem plakativen Schlagwort „Bürger in Uniform" auf den Begriff gebracht.

Die Historikerin Christa Klein hat in einer überaus gründlich dokumentierten Untersuchung die vielen Initiativen Bergstraessers zur Konzeptualisierung und Konkretisierung politischer Bildung in den Streitkräften beschrieben. Sie macht die durchaus bestimmende Rolle Bergstraessers deutlich:

„So trieb er die Institutionalisierung der politischen Bildung in Universität, Schule sowie zivilgesellschaftlichen Organisationen effektiv voran und begleitete die Demokratieerziehung der Streitkräfte durch seine Mitarbeit im Beirat Innere Führung."[1]

Bergstraesser nutzte dafür sogar eine Tagung des Freiburger Colloquium Politicum mit wichtigen zivilen und militärischen Akteuren der NATO.[2]

Für eine Bewertung der Aktivitäten zum „Bürger in Uniform" im Rahmen der Wiederbewaffnung muss die Frage beantwortet werden, ob es je eine realistische Alternative zur Wiederbewaffnung und Westintegration der Bundesrepublik gab. Eine Antwort darauf scheint mir nur mithilfe ideologischer und politischer Geschichtsspekulation möglich zu sein. Die Debatte über das

---

[1] Klein 2014, S. 247.
[2] Oberndörfer 2017, S. 107.

5 Politikberatung

Konzept „Bürger in Uniform" erhält heute durch die Aufhebung der Wehrpflicht eine neue Dimension.[3] Eine Bundeswehr aus Berufssoldaten ist weniger in die politische Kultur der Gesellschaft eingebunden.

Bergstraesser veröffentlichte schon 1955 mit Theodor Eschenburg ein Gutachten über die Eingliederung der Streitkräfte in das Staatswesen der Bundesrepublik. Freundschaftliche Schreiben des Grafen Baudissin, der ihn in Freiburg besucht und um Rat gebeten hatte,[4] zeigen, dass Bergstraesser an den Planungen für die „Innere Führung" sehr früh mitwirkte. Durch seine Verbindungen mit dem Frankfurter Institut für Sozialforschung erhielt er Kenntnis von den Arbeiten Adornos und Horkheimers für die künftige Bundeswehr. Später begleitete Bergstraesser den Aufbau der Bundeswehr in beratender Funktion im Beirat für Innere Führung.

In der Wochenzeitschrift *Die Zeit* vom 2. März 1962 hatten „maßgebende Vertreter des protestantischen Bildungsbürgertums" mit einer „Erklärung der Acht" erstmals die Anerkennung der Oder-Neiße-Grenze gefordert.[5] Bergstraesser unterstützte diese „Erklärung" noch im gleichen Jahr durch sein Prestige als Wissenschaftler mit der von ihm als „sehr gut" bewerteten und in seiner Freiburger wissenschaftlichen Reihe veröffentlichten Dissertation seines Schülers Georg Bluhm, *Die Oder-Neiße-Linie in der deutschen Außenpolitik*.[6] Auch hier eilte er seiner Disziplin in beträchtlicher Einsamkeit voraus. Die Thesen Bluhms zur „weltpolitischen" Notwendigkeit einer Anerkennung der Ansprüche Polens, die im Freiburger Seminar und in dessen publizistischem Umfeld lebhaft diskutiert wurden, weckten hassvolle politische Kritik. Für Bergstraesser selbst hatte dabei der Frieden mit Polen einen besonderen persönlichen Stellenwert. Die deutsche Vernichtungspolitik gegenüber dem polnischen Volk hatte ihn tief bewegt.[7] Schon vor der „Erklärung der Acht" vom März 1962 hatte Bergstraesser seinem Schüler Gottfried Karl Kindermann im August 1959 geschrieben:

---

[3] Eine exzellente Analyse der Leistungen und Bedeutung des Konzepts „Staatsbürger in Uniform" liefert Burkhard Köster (2017).

[4] Schreiben Baudissins an Bergstraesser v. 31.05.1955 wegen eines Treffens in Freiburg; Schreiben v. 03.06.1955 mit Befürchtungen vor einer Wiederkehr von Vergangenem (UAF B 0204/2).

[5] Vgl. Das Memorandum der Acht, in: Die Zeit Nr. 9 (1962). Abgerufen am 18.06.2024 von https://www.zeit.de/1962/09/das-memorandum-der-acht/.

[6] Bluhm 1963.

[7] Vgl. Winters, Interview mit Bergstraesser (Archiv Oberndörfer).

„Es bleibt gar nichts anderes übrig, als das fürchterliche Unrecht, das gegenüber Polen begangen worden ist, zuzugeben und den Versuch zu machen, Polen allmählich aus der sowjetischen Klammer zumindest geistig zu befreien, dass die Polen dazu bereit sind, darüber scheint kein Zweifel zu bestehen."[8]

Die Reform des Bildungswesens war ein Aktionsfeld, in dem Bergstraesser engagiert mitgewirkt hat. Dazu gehörte unter anderem die 1957 von ihm mit Helmuth Plessner und Hellmut Becker angeregte Gründung des Fachausschusses für Erziehungs- und Bildungssoziologie.[9] Die rege Korrespondenz Bergstraessers mit Hellmut Becker zeigt ihn als dessen engen Verbündeten in der großen Reformdebatte, die Ende der fünfziger Jahre eingesetzt und schließlich zur Gründung des Max-Planck-Instituts für Bildungsforschung geführt hat.[10] Diese Unterstützung fand ihren Niederschlag in der Veröffentlichung von Beckers Hauptwerk *Quantität und Qualität. Grundfragen des Bildungswesens* (1962) und Eddings Pionierarbeit *Ökonomie des Bildungswesens* (1963) in Bergstraessers „Freiburger Studien zu Politik und Soziologie".

In den Vorständen und Unterausschüssen der Deutschen Gesellschaft für Soziologie und der Deutschen Gesellschaft für Politikwissenschaft hat Bergstraesser, wie seine Freiburger Korrespondenz ahnen lässt, sehr rege mitgesprochen. Hier ist vor allem seine tatkräftige Unterstützung für Rainer M. Lepsius beim Zustandekommen und der Durchführung von dessen Studie für die Deutsche Gesellschaft für Soziologie über die Grundausstattung von Soziologie und Politikwissenschaft an den Universitäten zu erwähnen.[11]

---

[8] UAF B 0204/29, S. 31. Bergstraesser beantwortete damit einen Brief seines Schülers Gottfried Karl Kindermann v. 06.08.1959. Kindermann ging es um Kontakte zu Prof. Emil Peter Ehrlich, dem Wirtschaftsberater Präsident Gomulkas, um in den deutsch-polnischen Beziehungen „den toten Punkt zu überwinden" (beide Briefe: UAF B 0204/132). Auch ein Rechtsstreit des Historikers Eberhard Jäckel mit dem Göttinger Arbeitskreis verdeutlicht das Engagement Bergstraessers zum Ausgleich mit Polen. Jaeckel hatte dem Arbeitskreis vorgeworfen, dieser habe sich mit seiner Darstellung angeblicher polnischer Pressestimmen über negative Entwicklungen in den ehemaligen deutschen Gebieten „einer groben Fälschung schuldig gemacht". Der Göttinger Arbeitskreis e. V. erforschte vor allem die Problemlagen deutscher Heimatvertriebener.
[9] Vgl. G. C. Behrmann 2013.
[10] Vgl. Bergstraesser, GStA PK, Nl. Grimme, Nr. 689.
[11] Lepsius an Bergstraesser v. 07.12.1959 mit Bitte um Stellungnahme zum Entwurf seines Gutachtens über „Soziologie und politische Wissenschaft" (UAF B 0204/31); Dankschreiben von Lepsius v. 12.10.1961: „(...) möchte ich mir erlauben, Ihnen für Ihren wertvollen Rat, die vielseitige Unterstützung und das große Verständnis herzlich zu

5 Politikberatung

Briefe Carl Christian von Weizsäckers und Eckart Heimendahls, des Biografen des Physikers Otto Hahn, an Bergstraesser über ein Seminar der Vereinigung Deutscher Wissenschaftler (VDW) im Studienhaus Wiesneck, Institut für Politische Bildung in Buchenbach bei Freiburg dokumentieren seine Beteiligung an den Debatten der VDW und ihrem Protest gegen atomare Rüstung.[12]

Im umfangreichen Briefwechsel Bergstraessers mit Walter Leonhard, dem Chef des Feuilletons der Wochenzeitschrift *Die Zeit*, kündigen sich in den Jahren 1960/61 seismografisch zentrale Konflikte von 1968 an: in Angriffen Leonhards auf „die" Ordinarien (Schwerpunkt Germanistik) und in den Appellen Bergstraessers, „sich nicht von Emotionen, sondern von Vernunft leiten zu lassen".[13] Bergstraesser erwähnt seine Erfahrungen mit der Studierendenschaft Heidelbergs in den frühen 1930er Jahren. Die Universität sei dort schon vor 1933 von den NS-Studierenden beherrscht worden.[14] Diese

---

 danken. Die Arbeit an der Denkschrift war für mich ein großer persönlicher Gewinn, und ich werde damit stets die dankbare Erinnerung an Ihre liebenswürdige Unterstützung verbinden" (UAF B 0204/58); ferner Brief v. 15.05.1963 (UAF B 0204/69).

[12] Eckart Heimendahl erwähnt in einem Brief an Bergstraesser v. 31.05.1962 (Archiv Oberndörfer) seine Gespräche mit Heisenberg und ein Seminar des VDW im Institut für Politische Bildung Wiesneck in Buchenbach. Ich habe selbst an diesem Seminar teilgenommen, erinnere mich aber nur noch an die aus heutiger Sicht ziemlich überbordende Schwärmerei Carl Christian von Weizsäckers für Präsident John F. Kennedy als Reinkarnation des Philosophenkönigs Platons. Näheres zur VDW und dem Seminar in Buchenbach müsste sich in den Akten des Vereins Deutscher Wissenschaftler finden lassen. Zu dem von Bergstraesser gegründeten Institut für Politische Bildung Wiesneck in Buchenbach bei Freiburg vgl. den Sammelband Eith/Rosenzweig 2012.

[13] Dazu Briefe des Zeitraums 01.06.1960–06.12.1961 (UAF B 0204/58), zur Rolle Leonhards in der Redaktion der *Zeit* als Anheizer der Konflikte von 1968 und zu dessen umstrittenen Verbindungen zur RAF vgl. die Insider-Schilderung Harpprechts (2008, S. 470–497 u. 502).

[14] Vgl. Bergstraesser an Prof. Hans Thieme, den Rektor der Universität Freiburg, v. 08.07.1960: „Ich erinnere (...) daran, dass mit der Kontrolle der Universitäten durch die nationalsozialistische Studentenpresse vor der politischen Machtergreifung die Unterhöhlung durch den Nationalsozialismus begonnen hat und dabei eine ähnliche Verrohung der Sitten wesentlich war, die in diesem Jahr bei uns eingetreten war" (UAF B 0204/130).
 In einem abendlichen Seminar wurde Bergstraesser einmal zu Beginn protokollwidrig vom damaligen Vorsitzenden des Freiburger ASTA wegen einer Angelegenheit der Studierendenschaft angesprochen. Bergstraesser rastete aus und schrie, er verbitte sich

Erinnerungen Bergstraessers und vieler Angehöriger seiner Generation (so auch Ernst Fraenkel) an die üble Rolle der NS-Studierenden an den deutschen Universitäten sowie Leonhards Verweise auf die opportunistische Rolle vieler Professoren nach 1933 künden die oben erwähnten Polarisierungen an. Zeitweilig verschärfte sich der Ton Bergstraessers. Leonhard kontert 68er spezifisch mit devoter ironischer Höflichkeit. Einmal musste Marion Dönhoff als Friedensstifterin intervenieren. Der Briefwechsel mit Leonhard ist ein instruktives Dokument der Vorgeschichte von 1968.

Mit Marion Dönhoff korrespondierte Bergstraesser seit seiner Rückkehr aus den USA. Dönhoff hatte ihn um Rat gebeten, als Zeit-Herausgeber Gerd Bucerius den berüchtigten Staatsrechtler und Nazi-Juristen Carl Schmitt gebeten hatte, Mitarbeiter der Zeit zu werden. Sie beklagte sich darüber bei Bergstraesser und berichtete ihm von ihrer Drohung, aus der Redaktion auszuscheiden. Bergstraesser versuchte darauf, den hessischen Unternehmer Walter Bauer für eine Intervention bei Bucerius zugunsten Dönhoffs zu gewinnen.[15] Carl Schmitt und Bergstraesser, dies sei hier erwähnt, sind sich an der Deutschen Hochschule für Politik in Berlin in den 1930er Jahren begegnet.[16] Schmitts *Begriff des Politischen* war damals zunächst im *Archiv für Sozialwissenschaft und Sozialpolitik*, dann 1932 als 10. Band der Reihe „Wissenschaftliche Abhandlungen und Reden zu Philosophie, Politik und Geistesgeschichte" im Verlag Duncker & Humblot erschienen. Der vorausgegangene Band 9 enthielt auch Bergstraessers *Sinn und Grenzen der Verständigung zwischen den Nationen*. Der Verlag hatte Anfang 1933 auch *Die Auflösung der liberalen Demokratie in Deutschland und das autoritäre Staatsbild*, einen Beitrag des mit Carl Schmitt eng verbundenen jungen Staatsrechtlers Gerhard Leibholz veröffentlicht. Nachdem Bergstraesser und Leibholz, streng protestantischer Abkömmlinge jüdischer Vorfahren, mit dem Gesetz zur Wiederherstellung des Berufsbeamtentums als „Nichtarier" diskriminiert worden

---

diesen Überfall. Er werde sich bald emeritieren lassen. Wenn ihn dann der ASTA heimsuche, habe er schon die Steine für den Empfang bereitgelegt. Die Zuhörer:innen und auch ich konnten ihn damals nicht verstehen. Die Beistehenden wussten von den Aktionen der NS-Student:innen gegen ihn in Heidelberg wenig. Der Vorgang zeigt die tiefe Betroffenheit Bergstraessers und vieler seiner Generation vom Verhalten der Studierenden vor und nach 1933 gegen politisch missliebige Professoren.

[15] Brief Bergstraessers an Dr. Walter Bauer v. 08.10.1958 (UAF B 0204/12).
[16] Vgl. dazu die Arbeit von Horst Schmitt (1995).

5 Politikberatung

waren, ging Schmitt sogleich auf Distanz zum Duncker & Humblot Verlag und wechselte mit seinem *Begriff des Politischen* zur Hanseatischen Verlagsanstalt. Die Defizite der moralischen Substanz Carl Schmitts werden durch seinen Briefwechsel mit Ludwig Feuchtwanger ebenfalls illustriert.[17]

---

[17] Carl Schmitt schrieb an den ihn betreuenden jüdischen (!) Verlagsleiter Feuchtwanger: „Diese Schrift kann ich nicht länger in ihrem Verlag lassen. Zwischen Arnold Bergstraesser und Gerhard Leibholz ist sie in einem falschen, karikierenden Licht. Schreiben Sie mir deshalb bitte, ob Sie damit einverstanden sind, dass ich in einem anderen Verlag eine andere Ausgabe mache" (Schmitt/Feuchtwanger 2007, S. 393). Die Attacke auf Leibholz ist auch deshalb so bemerkenswert, weil Schmitt Leibholz 1927 in seiner Verfassungslehre noch besonders gelobt hatte – ein Lob, das wegen der Verwandtschaft der Begriffe Leibholz' über Repräsentation mit Schmitts Repräsentationslehre wohl ehrlich war.

6 Netzwerk und Freund:innen

Die umfangreiche Freiburger Korrespondenz Bergstraessers vermittelt ein Bild seines Beziehungsnetzes.[1] Sie portraitiert auch ein Panorama politisch-kultureller Eliten in der frühen Bonner Republik. Aus ihr sollen ausgewählte Partner:innen skizziert werden, die für den Lebensweg Bergstraessers eine besondere Bedeutung hatten und zugleich auch Reaktionen auf persönliche Herausforderungen zeigen. Bergstraesser hatte viele gute Freund:innen, die ihm bei allen Wendungen seines Lebens verbunden blieben. Sein Lebensweg wurde dadurch geprägt, und zugleich charakterisiert diese Verbundenheit unter Freund:innen seine Persönlichkeit. Ihre Eigenschaften und z. T. sehr unterschiedlichen Tönungen spiegeln sich in Berichten seiner vielen Schüler:innen.

Im Briefwechsel Bergstraessers mit Kolleg:innen der Soziologie und Politikwissenschaft sind Tonart und Stil aufschlussreich. Permanent unterkühlt beschränkt sich beispielsweise der Soziologe René König auf hartnäckige Forderungen nach längst fälligen Rezensionen für seine *Kölner Zeitschrift für Soziologie*, während Otto Stammer und Helmuth Plessner in freundlicher Form offene Fragen im Fachausschuss für Bildungs- und Erziehungssoziolo-

---

[1] In der umfangreichen Korrespondenz finden sich u. a. die Soziologen Theodor Adorno, Eduard Baumgarten, Otto Stammer und Friedrich Tenbruck sowie die Politikwissenschaftler Theodor Eschenburg, Carl Joachim Friedrich, Golo Mann, Klaus Mehnert, George Shuster, Arnold Wolfers, Eric Voegelin und Dolf Sternberger, dazu die Historiker Hans Rothfels, Gerhard Ritter und Theodor Schieder. Einen intensiven Austausch gab es mit den Bildungsreformern Helmut Becker, Friedrich Minssen und Felix Messerschmidt. Briefpartner:innen sind ferner die Philosophen Max Müller und Werner Picht, der Althistoriker Bruno Snell sowie Axel von der Busche – zentrale Gestalt im Widerstand der deutschen Offiziere gegen Hitler –, die Journalist:innen Walter Leonhard und Marion Dönhoff sowie Ernst Ulrich von Weizsäcker, Gast Bergstraessers in Freiburg, und Hartmut von Hentig, Gast in Chicago. Hinzu kommen Weggefährten der Jugend wie Hans Speidel und aus der Zeit in Heidelberg und den USA. Es finden sich Botschafter wie Fritz Caspari, der Germanist Victor Lange und die Ökonomen Karl Brandt, Alexander Rüstow und Eduard Heimann.

gie ansprechen.² Der Stil des Briefwechsels Bergstraessers mit Eschenburg ist schnörkellos sachbezogen. Kontroversen zur Einschätzung von Partner:innen oder zur Politik werden ohne Höflichkeitsfloskeln ausgetragen. Den Hintergrund bildet aber eine aus anderen Kontexten bekannte wortlose freundschaftliche Hochachtung. Der nachfolgende Briefwechsel Adornos mit Bergstraesser zwischen Januar 1956 und September 1957 zeigt eine ungewöhnliche und zunehmende persönliche Verbundenheit an. Die Anrede „Herr" wird zugunsten von „lieber Bergstraesser" und „lieber Adorno" fallengelassen.

Bergstraesser: „Lieber Adorno, ich habe Sie so lange nicht gesehen, dass ich Sie wirklich vermisse". Adorno überbietet dies etwas konkreter: „Vergebens habe ich Sie heute zu erreichen versucht, der vorgegebene Grund war die Angelegenheit Baumgarten, der wirkliche, dass ich gerne heute Abend mit Ihnen einer Flasche Forster Freundstück den Hals abgeschlagen hätte (...). Hoffentlich auf sehr bald. Herzlichst Ihr Adorno". Dazu Bergstraesser: „Ich bestätige mit Dank den Kredit von einer Flasche Forster und bin bereit (...) meinerseits eine Flasche Zeller Katz dagegen zu setzen." Adorno entgegnet prompt: „*En attendant* freue ich mich gleichermaßen auf Forster und Schwarze Katz. Lassen Sie uns doch bald wissen (...) wann wir uns sehen (...) Sehr herzlich, Stets Ihr Adorno".

Adorno später: „Tausend Dank für Ihren Brief, meine Sehnsucht nach Ihnen ist sicherlich nicht geringer als die Ihrige nach mir, lassen Sie uns doch versuchen für die nächste Woche etwas auszumachen." „Ich darf Sie heute noch einmal ebenso herzlich wie dringend bitten, doch zu der Tagung zu kommen. Es hängt so viel daran, dass gerade Sie dabei sind, abgesehen davon, dass wir auf diese Weise endlich einmal wieder richtig zusammenkommen (...) in herzlicher Ergebenheit stets Ihr (...) Lassen Sie mich wiederholen, wie froh ich war, Sie wiederzusehen, und als wie unerträglich ich den Zu-

---

² Zwischen Stammer und Bergstraesser scheint es anfänglich Spannungen bezüglich der wissenschaftlichen Orientierung gegeben zu haben. So bekennt sich Stammer in einem Schreiben an Theodor Eschenburg v. 20.04.1959 (UAF B 0204/132) vorsichtig „zu einer positivistisch-empirischen Betrachtung" und kritisiert unter Nennung von Landshut und Bergstraesser „weitreichende Konzeptionen" der Politikwissenschaft. Plessner wendet sich am 16.09.1962 wegen eines Disputs mit Stammer über die Leitung einer Tübinger Tagung an Bergstraesser und bittet um Verständnis für einen Irrtum Stammers.

stand empfinde, dass Sie fast jede Woche hier sind, ohne dass wir zusammenkommen".[3]

Insgesamt sind die Briefe Adornos emotionaler aufgeladen und interessenbezogener als die Schreiben Bergstraessers. Der rote Faden im Briefwechsel sind gemeinsame Vorhaben, so eine von Adorno wiederholt und nachdrücklichst erbetene Mittlerfunktion Bergstraessers beim Versuch, eine in das Stuttgarter Washington-Institut des Soziologen Baumgarten abgewanderte Hochschullehrerstudie als Projekt für das Institut für Sozialforschung zu retten.[4]

In den Briefen Adornos an Bergstraesser und hartnäckigen Einladungen zu Vorträgen in Frankfurt[5] äußert sich der Wunsch der Frankfurter Soziologie nach enger Kooperation mit Bergstraesser. Wie schon erwähnt, hatte Horkheimer versucht, Bergstraesser 1953 auf einen Lehrstuhl für Soziologie nach Frankfurt zu holen und ihn sogar zum Kodirektor seines Frankfurter Instituts für Soziologie zu machen.[6] Vorausgegangen war 1951/52 ein Gastaufenthalt Bergstraessers in Frankfurt im Rahmen der Hochschulpartner-

---

[3] UAF B 0204/1.
[4] Vgl. hierzu UAF B 0204/1: Schreiben Adornos an Bergstraesser v. 07.09.1956, Bergstraesser an Adorno v. 10.09.1956 und Adorno an Bergstraesser v. 18.01.1957. Adorno an Bergstraesser v. 01.02.1957: „Die Angelegenheit mit Baumgarten und den Sbirren [sc. „Spitzeln, Schergen"] schwebt immer noch. Die Verhandlungen hier wurden von Helmut Becker, gemeinsam mit Friedeburg und Habermas, geführt; ich selbst bin erst am Schluss mit finsterer Miene erschienen. Ich wäre Ihnen dankbar, wenn Sie Baumgarten gegenüber noch keine Zusagen machten, ehe die Situation zwischen dem Stuttgarter Institut und den unsrigen geklärt ist, schön sieht die Sache nicht aus. Bitte lassen Sie recht bald von sich hören, Mit den herzlichsten Grüßen stets Ihr (...)"; Adorno an Bergstraesser v. 13.02.1957: „Die Angelegenheit mit Baumgarten und den Sbirren scheint endlich in Ordnung zu kommen. Es ist nach lächerlichen Verhandlungen eine gemeinsame Formel erreicht worden, die ich zwar unserem Institut gegenüber als unfair empfinde, aber trotzdem unterschrieb, um nun endlich meine Ruhe zu haben ... Jede Freude an der Zusammenarbeit mit den Herren ist mir gründlich und für alle Zukunft genommen. Das werden Sie gewiss verstehen." Es ging um die 1953/54 im Institut für Sozialforschung begonnene Hochschullehrerstudie Hans Angers, die dann erst 1960 erschienen ist. Näheres bei Demirović 1999.
[5] Bspw. Einladung Bergstraessers zu einem Radiovortrag und zu einem Vortrag in Frankfurt über „die soziologischen Grundlagen der Politik" v. 09.09.1957 sowie die Erinnerung v. 26.10.1957 (UAF B 0204/1).
[6] Bergstraesser begründete in einem Schreiben an Horkheimer die Ablehnung des Rufs nach Frankfurt mit der Präferenz seiner Frau für Freiburg.

schaft Chicago–Frankfurt. Ein Brief Adornos, in dem er erwähnt, Horkheimer habe mit Bergstraesser für das Wintersemester 1956/57 eine ganzsemestrige Lehrtätigkeit in Frankfurt „vereinbart",[7] lässt vermuten, dass Horkheimer 1955 erneut versuchte, Bergstraesser nach Frankfurt zu locken. In der zweiten Hälfte der fünfziger Jahre arbeiteten Bergstraesser, Adorno, Plessner und Hellmut Becker dann eng im Ausschuss für Erziehungs- und Bildungssoziologie der Deutschen Gesellschaft für Soziologie zusammen.[8] Hier begegneten sich Bergstraesser und Adornos Assistent Jürgen Habermas. Weiterhin bemühte sich Horkheimer um Bergstraessers Fürsprache bei der Thyssen-Stiftung, als er nach der Welle der Hakenkreuzschmierereien um die Jahreswende 1959/60 mit dem American Jewish Committee das Programm von US-Studienreisen für deutsche Pädagog:innen und Sozialwissenschaftler:innen initiierte.[9] Ich selbst konnte schon früh an diesem Programm teilnehmen.

Die Korrespondenz mit Carl Joachim Friedrich, Fritz Caspari, Karl Brandt und Eduard Heimann macht mit Freund:innen Bergstraessers im Exil bekannt.

Carl Joachim Friedrich (1901–1984), einst am Seminar Alfred Webers in Heidelberg Bergstraessers Konkurrent, half diesem nach der Flucht aus Deutschland, in Amerika akademisch Fuß zu fassen. Friedrich, in seiner Zeit Doyen der amerikanischen Politikwissenschaft in Harvard und zeitweilig gleichzeitig Ordinarius in Heidelberg, verteidigte Bergstraesser kompromisslos und vehement gegen die Attacken von Mitstreiter:innen des Pazifisten Emil Julius Gumbel in der deutsch-jüdischen New Yorker Wochenzeitung *Aufbau*.[10] Dies geschah, als wegen der durch den Krieg aufgeheizten antideutschen Stimmung Stellungnahmen gegen die Vorwürfe Gumbels, Bergstraesser habe mit den Nationalsozialisten in Heidelberg kooperiert, politischen und wissenschaftlichen Selbstmord bedeuten konnten.[11] Bergstraesser, der

---

[7] UAF B 0204/1.
[8] L. Behrmann 2013.
[9] Albrecht 1999.
[10] Vgl. Lundgreen/Horn/Krohn 1986.
[11] Dass Friedrich Bergstraesser im Konflikt mit Gumbel in den USA so engagiert verteidigt hat, passt nicht in das konstruierte Bild einer um Bergstraesser gescharten Gruppe weit rechts stehender deutscher und deutsch-jüdischer Emigrant:innen. Vielleicht ist Friedrich deshalb auf den demokratietheoretischen Prüfstand der Nachgeborenen gekommen (so insbesondere Lietzmann 1999). Friedrich wird angelastet, dass er sich in den Jahren, in denen sich die Krise der Weimarer Republik zuspitzte, auf damals vieldisku-

sich 1928 bei Alfred Weber an der Universität Heidelberg habilitiert hatte und dort unterschiedliche akademische Stellen innehatte, war Beisitzer in einer von Gerhard Anschütz geleiteten Untersuchungskommission gegen Emil Julius Gumbel, in dessen Folge ihm 1932 die Lehrbefugnis entzogen wurde. Gumbel befand sich wegen „kritisch-provokanter Äußerungen auf friedenspolitischen Veranstaltungen wiederholt in Konflikt mit der Universität".[12] Vier Jahre später verlor auch Bergstraesser seine Lehrbefugnis, als die Bestimmung der Reichshabilitationsordnung über „jüdische Mischlinge" auf ihn angewendet wurde. Infolgedessen emigrierte er 1937 nach Amerika. Bergstraessers Tochter Mariana berichtete mir 2016, Friedrich habe sich in der Zeit der politischen Anfeindungen gegenüber ihrem Vater und während seiner Internierung sehr um die Familie seines Freundes Arnold gekümmert.

Als Friedrich 1955 nach Heidelberg berufen worden war und er neben seiner Professur in Harvard das Heidelberger Institut für Politikwissenschaft ausbaute und leitete, prägten die Erfahrungen bewährter Freundschaft mit Bergstraesser auch ihren umfangreichen Briefwechsel zu persönlichen und fachlichen Anliegen. Friedrich hielt 1965 an der Freiburger Universität eine bewegende Rede zum Gedenken an den verstorbenen Freund.

Bergstraessers Freundschaft mit *Fritz Caspari* (1914–2010), den er bereits in Heidelberg kennengelernt hatte, vertiefte sich in ihrer Zeit als Dozenten am Scripps College in Kalifornien und nach dem Intermezzo ihrer vorübergehenden Internierung durch das FBI.[13] Da diese Internierung Bergstraessers und Casparis Leben im Exil wie wenig Anderes geprägt hat, lohnt es sich, auf diese Episode und auf Caspari etwas näher einzugehen. Caspari lernte Berg-

---

tierte Schriften Carl Schmitts bezogen und Möglichkeiten einer Überwindung der Krise durch eine kommissarische Diktatur erwogen habe (vgl. Breuer 2012). Dies gilt heute als überaus verdächtig. Um nicht selbst als Verteidiger Carl Schmitts zu gelten, verweise ich auf meinen Artikel *Carl Schmitts Beitrag zur Entlegitimierung der Weimarer Republik* (Oberndörfer 1998). Dagegen ist zu erinnern, dass Friedrich mit seinen Thesen zur Bedeutung des Mythos des *common man* und der Tradition des Verfassungsstaates Grundlegendes für die politisch-ideologische Identitätsfindung der USA geleistet hat und dass er sich zudem im Nachkriegsdeutschland als Anwalt der Politikwissenschaft und Mittler zwischen der amerikanischen Political Science und dem jungen Fach in der Bundesrepublik große Verdienste erworben hat.

[12] G. C. Behrmann 2013, S. 443.
[13] Vgl. Liebold 2012. Der folgende eigene Beitrag konzentriert sich auf die politischen Aspekte der Internierung Bergstraessers und Casparis.

straesser schon 1932 bei seinem Studienbeginn in Heidelberg kennen. Von dort nach Oxford übergewechselt, konnte er mit einem prestigeträchtigen Stipendium als „Rhodes Scholar" ein Bakkalaureat in Geschichte erwerben. Nach vorübergehender Lehrtätigkeit in den Vereinigten Staaten wurde er 1938 in Hamburg von dem Historiker Emil Wolf mit einer *Untersuchung über den humanistischen Einfluss auf das englische Staatsdenken im 16. Jahrhundert* promoviert. Kurz vor Kriegsausbruch gelang es ihm, wieder in die USA einzureisen und am Scripps College in Kalifornien, an dem schon Bergstraesser lehrte, eine Anstellung als Dozent zu finden.

Nach dem japanischen Angriff auf Pearl Harbour wurden in Kalifornien über 20.000 amerikanische Bürger:innen japanischer Herkunft, sogenannte „Niseis", in hastig errichteten Lagern interniert. Die Internierungswelle erfasste zunehmend auch andere „Staatsangehörige von Feindstaaten" (*enemy aliens*), so deutsche Immigrant:innen. Wie auch die meisten anderen Inhaber:innen deutscher Pässe wurden Bergstraesser und Caspari am Tag nach Pearl Harbour verhaftet.[14] Nach rechtlichen Einsprüchen und Protesten von Freunden und Kollegen wurden sie zwei Monate später entlassen, aber im Dezember 1942 bis Januar 1943 erneut in einem „Nisei-Lager" inhaftiert.[15] Caspari berichtete Günter Behrmann und mir, der Lagerkommandant habe ihnen bald kurz und bündig die Leitung der Küche und Versorgung übertragen – „you do it" –, eine nicht ungefährliche Aufgabe.

Was waren die Gründe für die Internierung? Unmittelbar nach Pearl Harbour und im nun ausgebrochenen Krieg mit Japan und Deutschland war dies ein international nicht unübliches Vorgehen gegen *enemy aliens*. Von Frankreich und Großbritannien war dieses Vorgehen gegen Passinhaber der

---

[14] Bergstraesser und Caspari hatten damals noch deutsche Pässe. Sie hatten bis dahin auch noch keinen Antrag auf Einbürgerung gestellt.

[15] Interniert wurde auch der geniale Dichter, Flugzeugkonstrukteur, Archäologe und Filmregisseur Karl Gustav Vollmöller. Der Stuttgarter Industriellensohn, im ersten Weltkrieg Sonderbotschafter Kaiser Wilhelms, war eine der farbigsten Gestalten der Kulturszene der Weimarer Republik. Auch Vollmöller hatte 1942 noch einen deutschen Pass. Bergstraesser setzte ihm ein Denkmal in dem Beitrag „Karl Gustav Vollmöllers Späte Gedichte" (Archiv Oberndörfer). Hierzu auch die Biografie von Tunnat, mit einer allerdings recht schiefen Sicht Bergstraessers (Tunnat 2008).

„Achse" zuvor schon in weit schärferer Form als von den USA angewandt worden.[16]

Caspari und Bergstraesser waren schon vor ihrer Internierung durch Agenten des FBI observiert worden. Deren Befunde, wie z. B. die Vorwürfe einer freundlichen Kommunikation Bergstraessers mit ausgewanderten deutschen Veteranen des Ersten Weltkriegs,[17] waren jedoch selbst in der damaligen aufgeheizten Stimmung gegen Deutschland keine überzeugenden Beweise einer Konspiration mit den Nationalsozialisten. Bergstraesser und Caspari wurden daher *on parole*, das heißt auf Bewährung, entlassen.

Die Internierung von japanischen amerikanischen Bürger:innen und Inhaber:innen deutscher Pässe veranschaulichen die Probleme des FBI bei der Beurteilung politischer Tatbestände. Das FBI ist eine gegen die Bekämpfung von Kriminalität gegründete Bundespolizei. Ihre stetigen Probleme einer unsicheren und naiven politischen Empathie fanden später in der McCarthy-Ära bei der Observierung kommunistischer „Verstrickungen" einen besonders unrühmlichen Ausdruck.

Die Internierungen Bergstraessers und Casparis fanden einen geräuschvollen Widerhall in amerikanischen Medien und in den absurden Denunziationen der Veteranenvereinigung „American Legion" und anderer Superpatrioten.[18]

Die zweite Inhaftierung Casparis und Bergstraessers im Herbst 1942 war durch Anzeigen der „American Legion" und die zuvor erwähnten Vorwürfe von Mitstreiter:innen des ehemaligen Heidelberger Dozenten Gumbel gegen Bergstraesser politisch angestoßen worden. Dass das FBI damit nun einfach dem politischen Druck der Medien nachgab, wird durch die abermalige Inhaftierung Casparis illustriert, der mit Gumbel nie etwas zu tun gehabt hatte. Zur Rechtfertigung seiner Inhaftierung wurde Caspari vorgeworfen, er habe keine Einbürgerung beantragt. Gegenüber den Einwanderungsbehörden

---

[16] So wurden in England auch jüdische Deutsche interniert, die vor der nationalsozialistischen Verfolgung geflohen waren. Betroffen war unter anderem Arnold Bergstraessers Stiefbruder, der als „Nichtarier" früh nach England emigriert war und dort in einem kanadischen Lager interniert wurde.
[17] Vgl. hierzu Liebold 2012.
[18] Caspari berichtete von einer bedrohlichen nächtlichen „Belagerung" der Wohnung Bergstraessers durch bewaffnete Angehörige der „American Legion" in Claremont, bei der allerdings sogleich Nachbar:innen und Freund:innen schützend herbeieilten.

hatte er jedoch zuvor erklärt, er wolle in ein von den Nationalsozialisten befreites Deutschland zurückkehren. Er habe deshalb nicht amerikanischer Staatsbürger werden wollen.[19] Nach der Entlassung aus der zweiten Internierung fand Caspari in unterschiedlichen Positionen Anstellungen in Chicago, so gemeinsam mit Bergstraesser in einem Ausbildungsprogramm für amerikanische Offiziere, die in Deutschland eingesetzt werden sollten. Zurückgekehrt aus den USA nach Deutschland, machte Caspari eine steile Karriere im Auswärtigen Dienst der Bundesrepublik. Nach diversen Positionen als Diplomat arbeitete er als Gesandter in der Vertretung bei den Vereinten Nationen und diente Bundespräsident Heinemann in enger Liaison mit Willy Brandt von 1969 bis 1974 als stellvertretender Chef des Bundespräsidialamtes. Vor seiner Pensionierung 1979 hat sich Caspari als Botschafter in Lissabon für die Stabilisierung Portugals beim Übergang zur Demokratie engagiert. 1972 von Queen Elizabeth II. zum Knight Commander der Royal Victorian Order geadelt, wurde er 1973 als Honorary Fellow des St John's College der Universität Oxford ausgezeichnet.

Von der Freundschaft Casparis mit Bergstraesser und zwischen ihren Familien zeugen mehrere Briefe im Archiv der Freiburger Universität. Bergstraessers Versuch, den Freund 1963 sogar für eine Professur in Freiburg zu gewinnen, hatte diesen Hintergrund. Bei einem Besuch von Günter Behrmann und mir in Greenwich 2008 hat Caspari im fortgeschrittenen Alter von über 95 Jahren an der Rekonstruktion seiner Jahre mit Bergstraesser in Amerika lebhaft und humorvoll mitgewirkt. Mit Erbitterung wandte er sich dabei gegen Versuche einer nachträglichen „Bräunung" Bergstraessers. Er schilderte unter anderem Bergstraessers spätere Flucht vor den Nationalsozialisten aus Deutschland über die Grenze zu Luxemburg.

Karl Brandt (1899–1975), bis 1933 Leiter des Instituts für Landwirtschaftliche Marktforschung der Landwirtschaftlichen Hochschule zu Berlin und in

---

[19] Gesprächserinnerung Dieter Oberndörfer sowie Liebold 2012. Auf der Suche nach den Gründen seiner erneuten Verhaftung erinnerte sich Caspari daran, dass er 1938 auf dem gleichen Schiff wie Adam von Trott zu Solz – einflussreicher Diplomat der Reichsregierung und wie Caspari ebenfalls „Rhodes Scholar" – in die USA eingereist war. Man habe ihn vielleicht deshalb für einen deutschen Agenten gehalten. Merkwürdig ist, dass das gesamte Gepäck Casparis samt seinen Ausweisen bei der Ankunft in Amerika verschwunden war. Adam von Trott zu Solz wurde wegen seiner Beteiligung am Offiziersputsch gegen Hitler 1944 hingerichtet.

verschiedenen wichtigen Finanzierungseinrichtungen tätig, war nach der von den Nationalsozialisten erzwungenen Versetzung in den Ruhestand schon 1933 in die USA emigriert. Er machte hier eine höchstbeachtliche akademische und wissenschaftspolitische Karriere. Zunächst als Professor für Agricultural Economics in der Graduate Faculty of Political and Social Sciences der New School for Social Research in New York beschäftigt – dem akademischen Asyl vor allem jüdischer deutscher Wissenschaftler:innen –, wurde er 1938 als Professor of Agricultural Economics an das berühmte Food Research Institute der Stanford Universität berufen. Seit 1952 zunächst Associate Director dieses Instituts und bis 1967 dessen Direktor, wirkte er später als Senior Research Fellow in der Hoover Institution. Brandt beriet die amerikanische Regierung, die Vereinten Nationen, die Weltbank und viele Staaten Europas und Lateinamerikas in einflussreichen Positionen zu Fragen der Nahrungsversorgung und Agrarpolitik.[20] Er erhielt dafür bedeutende wissenschaftliche und politische Auszeichnungen, darunter auch das Kreuz der Ehrenlegion Frankreichs.

Brandt bekannte sich in Amerika, auch im Krieg, in der Zeit der schlimmsten Feindschaft gegen Deutschland, zur Kultur seines Herkunftslandes. Dass ihn der einflussreiche Diplomat des Deutschen Reiches Adam von Trott zu Solz 1939 in Amerika besuchte, lässt vermuten, dass er damals noch Verbindungen zu seinen Berliner Freunden unterhielt. Im Krieg versuchte Brandt, über General Donovan Kontakte der amerikanischen Regierung zum deutschen Widerstand zu aktivieren und für die amerikanische Politik relevant zu machen. Brandts Liebe zu Deutschland fand ihren eindrucksvollsten Ausdruck in seiner Rede am 20. Juli 1965 im Ehrenhof des Bendlerblocks in Berlin.[21]

Die Freundschaft Bergstraessers mit Brandt hatte ihre Ursprünge in gemeinsamen Berliner Aktivitäten vor 1933, wie auch in beider Freundschaft mit Erich Raemisch.[22] Als Vorwürfe gegen Bergstraesser wegen der Angriffe Gumbels im *Aufbau* publiziert und erörtert wurden, widersprach ihnen

---

[20] 1958 bis 1961 war Brandt Mitglied des Council of Economic Advisors von Präsident Eisenhower und zeitweilig Präsident der American Farm Economic Association.
[21] Brandt 1965.
[22] Vgl. Briefe Bergstraessers v. 05.05.1954 und 28.09.1960 mit Einladung Brandts zu einem Vortrag in Freiburg (UAF B 0204/2; 36).

Brandt vehement.[23] Dies brachte ihm die böse Nachrede ein, er habe sich nach der frühen Emigration vom „profilierten und qualifizierten Linken in der Agrarwissenschaft" zu „einem rabiaten Deutschnationalen" entwickelt.[24]

Eduard Heimann (1889–1967) schließlich kam aus dem Urgestein der deutschen Sozialdemokratie. Der Vater, Kaufmann in Berlin, war vor 1914 sozialdemokratischer Reichstagsabgeordneter. Von Alfred Weber 1912 promoviert, hatte sich Heimann wie Bergstraesser in der Jugendbewegung in der demokratisch-sozialistischen Gruppe der „Freideutschen" engagiert. Mit Bergstraesser war er 1920 an der Gründung der „Wirtschaftshilfe der Deutschen Studentenschaft" und den im Hause Walter Rathenaus dafür 1919 geführten Gesprächen beteiligt, zu Bergstraesser hatte er auch im Berlin der frühen 1930er Jahre Kontakte. Eng befreundet mit dem Theologen Paul Tillich, wirkte er in jenen Jahren als religiöser Sozialist prägend im Hofgeismarer Kreis sozialdemokratischer Wissenschaftler:innen. Als Schüler von Alfred Weber hatte er auch Kontakt zu Max Weber. Schon 1925 zum Professor für Volkswirtschaftslehre an der Universität Hamburg berufen, lehrte Heimann in der Zeit des Nationalsozialismus am Institut for Social Research in New York. Er kehrte 1963 von dort als Emeritus an seine Hamburger Universität zurück und lehrte dort noch einmal neben dem Politikwissenschaftler Siegfried Landshut, seinem Assistenten in der Zeit vor 1933. Sein wissenschaftliches Erbe wird in über 200 Veröffentlichungen dargestellt. Altbundeskanzler Helmut Schmidt sprach von Eduard Heimann als einem akademischen Lehrer, der ihn wie kein anderer geprägt und mit dem er oft bis weit in die Nacht diskutiert hat.

Heimann war einer der einflussreichsten und angesehensten Wissenschaftler unter den Professor:innen der New School, der Heimstätte vieler geflüchteter deutscher Sozialwissenschaftler:innen. Daher gehörte er auch der Kommission an, die sich mit den im *Aufbau* erhobenen Vorwürfen gegen Bergstraesser befasste. Die Kommission sah die Vorwürfe des auch selbst an

---

[23] Vgl. Lundgreen/Horn/Krohn 1986, S. 258.
[24] Vgl. ebd., S. 256. Krohns Aufsatz über die *university in exile* ist typisch für eine Sichtweise, die sich an den politisch-intellektuellen Frontstellungen in der Weimarer Republik der frühen 1930er Jahre orientiert und sich darin selbst wertend positioniert. Dies wird vor allem dort problematisch, wo die politische Parteinahme die Rekonstruktion der historischen Vorgänge bis hin zur Übernahme von falschen oder allenfalls halbrichtigen Behauptungen Gumbels und seiner Mitstreiter:innen leitet.

der New School lehrenden Gumbels nicht als belegt, aber auch nicht als widerlegt an. Eine „Akteneinsicht" war nicht möglich, die Vorwürfe bezogen sich auf unterschiedlich dargestellte Vorgänge an der Universität Heidelberg, insbesondere das Disziplinarverfahren, in dem Gumbel die Lehrbefugnis entzogen worden war, und weiterhin auf Bergstraessers Verhalten vor und nach der NS-Machtergreifung. Heimann selbst widersprach Gumbels Behauptung, Bergstraesser sei Anhänger der Nazis gewesen. Aber er beurteilte die Aktivitäten jener „jungkonservativen" Kreise sehr kritisch, denen sich Bergstraesser in den frühen 1930er Jahren angeschlossen hatte. Kritisch beurteilte er auch deren Unterstützung Papens, und dann auch Schleichers Wirken und die folgende Fehleinschätzung der „nationalen Revolution".

Vor diesem Hintergrund gewinnt der Briefwechsel Heimanns mit Bergstraesser in Freiburg an Bedeutung. Aus ihm spricht eine anhaltende persönliche Hochschätzung über alle trennenden Gräben ihres Lebens hinweg. So sandte er Bergstraesser 1957 den Sonderdruck seines Artikels *The Interplay of Capitalism und Socialism in the American Economy*, einem seiner vielen Beiträge über den von ihm geforderten dritten Weg zwischen Sozialismus und Kapitalismus.[25] Ein von ihm in diesem Zuge angekündigter Besuch in Freiburg scheiterte zunächst an Terminüberschneidungen. Zwei Jahre später bat er Bergstraesser um Hilfe bei der Gestaltung einer Vortragsreise in Deutschland.[26] Bergstraesser lud ihn daraufhin zu einem Vortrag und einem Wochenendseminar auf dem Schauinsland bei Freiburg ein.[27] Heimann dazu: „Ich habe mich sehr über Deinen Brief gefreut und danke Dir herzlich". „Grüße von Lili Fraenkel", der Frau Ernst Fraenkels.[28] Heimann erinnerte in

---

[25] Vgl. Bergstraesser an Heimann v. 07.08.1957 (UAF B 0204/10).
[26] Brief Heimanns an Bergstraesser, zu finden in UAF B 0204/28.
[27] Wochenendseminare waren zweitägige Seminare mit Übernachtung im Fachschaftshaus der Universität auf dem Schauinsland oder im Studienhaus Wiesneck. Sie spielten eine wichtige Rolle in den Außenbeziehungen Bergstraessers. Auch Golo Mann wurde von Bergstraesser zu einem solchen Seminar nach Freiburg eingeladen. Golo Mann antwortet in einem Brief v. 01.09.1961: „zur Einladung des Seminars im Studienhaus Wiesneck im Oktober (...). Gerne würde ich Sie in diesen Tagen einmal persönlich sprechen (...). Mit herzlichen Grüßen Ihr Golo Mann" (UAF B 0204/31). Da Golo Mann als Student und auch noch in den USA Bergstraessers Verhalten in Heidelberg scharf kritisiert hatte, ist seine Korrespondenz mit Bergstraesser und seine Annahme der Einladung bemerkenswert.
[28] Briefe im Archiv Oberndörfer.

seinem Brief auch an den eben verstorbenen gemeinsamen Freund Erich Raemisch aus der Jugendbewegung und den Jahren in Berlin. Zur Festschrift für Bergstraesser 1964, die erst nach dem Tode Bergstraessers erschien, leistet Heimann einen Beitrag über seine Sicht der weltweiten moralischen und politischen Krise. Heimanns Freundschaft mit Bergstraesser ist Zeugnis einer lauteren Persönlichkeit.

7 Die Gründung der Stiftung Wissenschaft und Politik

Unter Nutzung seiner Verbindungen zur Politik gründete Arnold Bergstraesser die Stiftung Wissenschaft und Politik (SWP).[1] Dies war sein wichtigster Beitrag zum Aufbau institutionell abgesicherter wissenschaftlicher Politikberatung in Deutschland. Der erste Schritt war hierzu im Januar 1962 eine Zusammenkunft in München von Persönlichkeiten aus Wissenschaft, Wirtschaft und öffentlichem Leben unter Vorsitz von Professor Arnold Bergstraesser, um das Verhältnis von Wissenschaft und Politik in der Bundesrepublik im Vergleich mit anderen Ländern zu diskutieren, insbesondere im Vergleich mit den USA.[2] Die Zusammenkunft hatte den Auftrag, ein Arbeitsprogramm und eine Satzung für eine Arbeitsgemeinschaft zu entwerfen. Nach ihrer Verabschiedung wurde Bergstraesser ganz selbstverständlich zum Vorsitzenden gewählt. Damit war die Arbeitsgemeinschaft Wissenschaft und Politik (AWP) formal gegründet. Schon im Oktober 1962 beschloss dann eine Mitgliederversammlung der AWP in Hattenheim (Rheingau) den Aufbau einer „Stiftung Wissenschaft und Politik" als Forschungsinstitut der

---

[1] Zur Geschichte der SWP vgl. Zunker 2007. Zunker berichtet und analysiert detailliert die komplexe Geschichte der Stiftung. Zunker, langjähriger Mitarbeiter der Stiftung und später ihr stellvertretender Direktor, hat selbst wesentlich zur Entwicklung der SWP beigetragen. Seine Darstellung der Gründung der SWP wird hier durch Dokumente im Archiv der Freiburger Universität über die dominante Rolle Bergstraessers bei der „Gründung" der SWP ergänzt. Zunkers eigene Beiträge zum Ausbau der Stiftung konnte ich 1993 als Gastprofessor der Stiftung in Ebenhausen beobachten. Besonders wichtig war das Engagement Zunkers in der schwierigen Zeit nach dem Ausscheiden Klaus Ritters als Direktor.

[2] Zur Gründung der AWP, des Gründervereins der SWP, vergleiche vor allem Zunker 2007, S. 19–51 (Kap. 2). Mitglieder des Lenkungsauschusses waren neben Arnold Bergstraesser der Osteuropahistoriker Hans Raupach, Richard von Weizsäcker und Hans Kruse (Jurist, Geschäftsführer der AWP). Weizsäcker war damals Mitglied der Geschäftsführung des Chemie- und Pharmaunternehmens Boehringer-Ingelheim in Ingelheim am Rhein.

AWP. Bergstraesser wurde nun einhellig zum Präsidenten des Stiftungsrates der SWP gewählt – dem maßgeblichen Organ für deren inhaltliche Arbeit.[3]

Die formale Gründung der SWP in Hattenheim hatte Bergstraesser seit 1959 vorbereitet. Wichtig waren dabei vor allem seine Kontakte zu Klaus Ritter, damals Mitarbeiter und Leiter der politischen Auswertung des Bundesnachrichtendienstes (BND), und zu dessen Vorgesetztem General Erich Dethleffsen.[4] Klaus Ritter hatte über einen Studienaufenthalt bei Henry Kissinger in Harvard und bei Arnold Wolfers in Washington die Praxis amerikanischer Institute der Politikberatung schätzen gelernt und dabei auch die Bekanntschaft Hans Speiers von der Rand Corporation in Santa Monica/Kalifornien gemacht.[5] Bergstraesser schlug daher 1959 Günther Henle, dem Präsidenten der Deutschen Gesellschaft für Auswärtige Politik (DGAP), Klaus Ritter als neuen Direktor des Forschungsinstituts der DGAP vor.[6]

Über Klaus Ritter erörterte Bergstraesser seine Pläne für die Gründung eines Instituts für Politikberatung in Deutschland auch mit Richard von Weizsäcker.[7] Ritter und von Weizsäcker waren dadurch schon früh Förderer

---

[3] Stellvertreter Bergstraessers im Präsidium des Stiftungsrates wurde Kurt Birrenbach (MdB, Vorsitzender des Kuratoriums der Thyssen-Stiftung), weitere Mitglieder waren Professor Raupach (München) und Ernst Georg Schneider (Präsident des Deutschen Industrie- und Handelstages). Den Vorsitz im Vorstand der SWP übernahm bis Februar 1965 Richard von Weizsäcker. Die SWP als Forschungsinstitut sollte die AWP von verwaltungstechnischen Aufgaben und der Leitung der wissenschaftlichen Mitarbeiter:innen in Projekten entlasten, die Entscheidungen über die Forschungsthemen der SWP und eventuelle Stellungnahmen für die Politik jedoch sollten Sache der AWP bleiben.

[4] Dethleffsen war der hoch angesehene Chefauswerter des BND. Er hat den Studienaufenthalt Ritters in den USA und die Pläne für ein deutsches Beratungsinstitut sehr unterstützt.

[5] Speier, mit Bergstraesser befreundet – beide kannten sich aus der gemeinsamen Lehrtätigkeit an der Deutschen Hochschule für Politik im Wintersemester 1932/33 –, besuchte diesen 1962 in Freiburg, um die Pläne für die SWP zu besprechen.

[6] Brief Henles an Bergstraesser v. 17.11.1958 und Brief Bergstraessers an Henle v. 09.01.1959 (UAF B 0204/28).

[7] Klaus Ritter war mit Richard von Weizsäcker aus Studien- und Kriegstagen befreundet. Frühe Überlegungen, von Weizsäcker für das Projekt SWP zu gewinnen, schienen zunächst an einer dreijährigen beruflichen Bindung von Weizsäckers an Boehringer-Ingelheim zu scheitern, vgl. hierzu das Schreiben Ritters an Bergstraesser v. 10.05.1961 (UAF B 0204/60).

des Stiftungsprojektes geworden.[8] Vor diesem Hintergrund entwickelte Ritter schließlich in einer Gründungsversammlung im rheinländischen Hattenheim wegweisende Vorstellungen zur Arbeit einer neuen „Stiftung Wissenschaft und Politik".

Da mich Bergstraesser gebeten hatte, zur Unterstützung seiner Pläne in den USA die wichtigsten Einrichtungen für Politikberatung zu besuchen und seine Freunde Arnold Wolfers in Washington und Hans Speier in Santa Monica (Rand Corporation) um Rat zu bitten, kam mir die Aufgabe zu, in Hattenheim über diese Erfahrungen zu berichten und ebenfalls Überlegungen zum Stiftungsprojekt vorzutragen.[9]

Nach der Gründungsversammlung in Hattenheim folgten Beratungen über die Schwerpunkte der künftigen Arbeit der SWP.[10] Auch in der letzten

---

[8] Dies spiegelt sich in der umfangreichen Korrespondenz Ritters mit Bergstraesser, dessen Treffen mit Bergstraesser sowie in Hinweisen auf Überlegungen von Weizsäckers. Die wichtige Rolle Klaus Ritters bei der Gründung der SWP wird von Zunker ausführlich beleuchtet vgl. Zunker 2007.

[9] Ich war als Privatdozent mit einem Reisezuschuss der SWP und im Rahmen des Austauschprogramms Max Horkheimers in die USA gereist. Arnold Wolfers und Hans Speier verschafften mir für den Erfahrungsbericht über Politikberatung in den USA das „Entree" bei Regierungsstellen und den von mir zu besuchenden Instituten. Klaus Ritter schrieb zu meiner Reise in die USA: „Die Unterhaltung mit Herrn Oberndörfer vor seinem Start schien mir übrigens sehr positiv. Ich hoffe sehr, dass er mit großem Gepäck zurückkehrt" (Brief an Bergstraesser, UAF B 0204/60). Einiges aus diesem „Gepäck" findet sich in meinen Briefen an Bergstraesser im Universitätsarchiv Freiburg. Der Text meines Referats in Hattenheim, *Wissenschaft und Politik in der Modernen Gesellschaft*, findet sich im Protokoll der Mitgliederversammlung der AWP (Archiv Oberndörfer). Zu meinem Referat und der ihm folgenden Debatte vgl. Zunker 2007, S. 32 f. und Oberndörfer 2004, S. 7 ff. In meinem Bericht warnte ich vor dem Grundproblem aller Politikberatung: einer Blockade der Beratung durch das zu geringe Zeitbudget und die Interessen der Beratenen. Walt Rostow, der Leiter des Policy Planning Staffs in Washington, hatte mir bei anderer Gelegenheit, nach meinem begeisterten Vortrag über meine Beobachtungen der Leistungen der von mir besuchten Beratungsinstitute, sehr ernüchternd geantwortet, im Planning Staff hätten er und seine Mitarbeiter:innen immerhin genügend Zeit, um die *New York Times* und die *Washington Post* zu lesen. Spitzenpolitiker:innen seien selten bereit, wissenschaftliche Expertisen zu lesen. Deshalb habe die Rand Corporation ihre Spezialist:innen für den Vortrag bei Politiker:innen rhetorisch schulen müssen.

[10] In dem durch die Satzung der AWP fest geschriebenen Doppelstocksystem, in dem die AWP als Oberhaus fungierte, das die Arbeit des Unterhauses SWP steuern sollte, waren Konflikte zwischen AWP und SWP vorprogrammiert. Diese wurden in einem ausführli-

gemeinsamen Vorstandsitzung von AWP und SWP im Dezember 1963 betonte Bergstraesser hierzu wiederholt „eine Beschränkung nur auf Fragen der Außenpolitik sei (...) durchaus nicht vorgesehen".

„Die AWP soll in Zukunft ein Partner der Regierung werden, an den sich die Exekutive ganz generell wendet, wenn sie eine wissenschaftliche Untersuchung zu bestimmten Problembereichen aus ganz unterschiedlichen Gebieten wünsche."[11]

Bei den genannten Forschungsthemen aus verschiedenen Bereichen der Politik, Gesellschaft, Ökonomie und Technik war das maßgebliche Vorbild für die Arbeit der SWP unverkennbar die thematische Flexibilität amerikanischer Think-Tanks.[12] Als Adressat der Beratung wurde neben der Exekutive und dem Parlament mit besonderem Nachdruck in allen Überlegungen die Öffentlichkeit genannt. Die Politikberatung solle zur Versachlichung im demokratischen Diskurs beitragen.

Bergstraessers früher Tod im Februar 1964 beendete sein Engagement für die Gestaltung der Arbeit der SWP. Die Gründung der Stiftung verdankte jedoch ihre wesentlichen Impulse seinem kraftvollen persönlichen Engage-

---

chen handschriftlichen Brief von Weizsäckers an Bergstraesser aus dem Dezember 1963 angesprochen (UAF B 0204/167). Wegen Bergstraessers Tod im Februar 1964 kamen diese Konflikte zwischen AWP und SWP nicht zum Ausbruch. Dies hat zur Stabilisierung und Entwicklung der SWP als Beratungsinstitut „praxisorientierter" Politikwissenschaft beigetragen. Nach der Neuformierung des Stiftungsrats durch die Beteiligung von Bundestag und Bundesregierung im November 1964 verlor die AWP an Bedeutung und wurde sehr viel später unter dem Namen „Forum Ebenhausen e. V." zum bloßen Freundes- und Fördererkreis der SWP.

[11] Protokoll der Mitgliederversammlung der AWP (Archiv Oberndörfer). Unter den von Bergstraesser genannten Themen finden sich u. a. „Entwicklungs- und Bildungshilfe, Fragen des Governments, des Regierungsverfahrens und der Verwaltungssoziologie".

[12] Bergstraesser hat auch an die Gründung eines Instituts speziell für empirische Verwaltungsforschung neben der SWP und im Rahmen der AWP gedacht. Er sah gerade hier besonders gravierende Defizite der Politikberatung (vgl. auch Zunker 2007, S. 35, Anm. 55). Zunker erwähnt, dass der weitgespannte Titel „Stiftung Wissenschaft und Politik" Überlegungen Bergstraessers entgegenkam, „den Rahmen der Stiftung Wissenschaft und Politik für die Gründung weiterer Institute zu nützen" (ebd., S. 23). Bergstraesser erwähnte mir gegenüber, er wolle sich nach seiner Emeritierung ganz der Politikberatung durch die AWP widmen und dafür nach München übersiedeln. Er bedrängte mich, die Funktion des Geschäftsführers der Stiftung zu übernehmen. Ich wollte diesem Wunsch nicht entsprechen, zumal ich damals eine Professur in Freiburg angenommen hatte.

ment, seinem politischen Beziehungsgeflecht und seinem wissenschaftlichen Prestige. Dies gilt insbesondere für die Kontakte zu den relevanten politischen Entscheidungsinstanzen und die schließlich damit ermöglichte Finanzierung.[13]

Zur Reife kam das Projekt SWP nach dem Tode Bergstraessers. Unter ihrem neuen Direktor Klaus Ritter wurde die Stiftung in jahrzehntelanger Arbeit zu einem leistungsfähigen und auch international hoch anerkannten Forschungsinstitut für praxisnahe Politikberatung ausgebaut. Die Stiftung gewann damit ein von außen- und sicherheitspolitischen Themen geprägtes Profil. Die Konzentration auf Außen- und Sicherheitspolitik entsprach der Polarisierung der Weltpolitik im Kalten Krieg. Erst mit der Übersiedlung der SWP nach Berlin „globalisierten" sich die Forschungen der SWP stärker und näherten sich wieder dem breiteren Politikverständnis der Gründungskonzeption Bergstraessers an. Die Öffnung der SWP für eine wesentlich breitere Forschungspalette trug der immer stärker spürbar werdenden Globalisierung Rechnung. Dies erscheint umso wichtiger, weil die landeskundliche Regionalforschung an den Universitäten austrocknete und weil das Selbstverständnis der deutschen Politikwissenschaft sich parallel dazu bei vielen in derselben Richtung geändert hat.

Wie erwähnt, war der Aufbau der Freiburger Arbeitsstelle für kulturwissenschaftliche Forschung und der „Enzyklopädie der Weltzivilisationen" im Herder Verlag in den letzten Lebensjahren Bergstraessers zum Schwerpunkt seiner wissenschaftlichen Tätigkeit geworden. Die Transformation der Internationalen Politik in Weltpolitik und die sie begleitende kulturelle Globalisierung entwickelten sich immer stärker zu zentralen Ausgangspunkten seiner Arbeit. Auch dies lässt darauf schließen, dass sich Bergstraesser ein breiteres Aufgabenfeld für die von ihm konzipierte Politikberatung der Stiftung gewünscht hätte und unter seinem Vorsitz die Hinwendung zu Weltpo-

---

[13] So heißt es im Protokoll der Mitgliederversammlung der AWP (Archiv Oberndörfer): „Herr Prof. Bergstraesser gab jedoch seiner Hoffnung Ausdruck, dass die Verhandlungen mit den interessierten Ressorts bald zur Zufriedenheit aller Beteiligten zum Abschluss gebracht werden können. Er unterstrich diese Zuversicht mit den Erfolgen, die sich bei persönlichen Kontaktaufnahmen mit den Herren Außenminister Dr. Schröder, Finanzminister Dr. Dahlgrün, Fraktionsvorsitzenden der CDU/CSU Dr. von Brentano und der FDP Frhr. von Kühlmann-Stumm sowie mit Herrn Erler von der SPD ergeben haben".

litik, globaler Kultursoziologie und breit angelegter Synopse wohl auch für die SWP an Bedeutung gewonnen hätte.

8 Exemplarische Politische Bildung in den Schulen, im Colloquium Politicum und im Studienhaus Wiesneck

Politische Bildung ist ein in den bitteren Erfahrungen des Lebens Bergstraessers gewachsenes zentrales Anliegen seiner „Wissenschaftlichen Politik". Nach dem Scheitern der Weimarer Republik und den Verbrechen der Nation im NS-Staat suchte Bergstraesser in der politischen Bildung die Chance einer humanen Gestaltung der Zukunft. Wissenschaftliche Politik und politische Bildung sind dabei in ihrer Zielorientierung eng miteinander verbunden. Dass Bergstraesser bei der Benennung seiner Disziplin Begriffe wie Politikwissenschaft, Politologie oder Wissenschaft von der Politik ablehnte und stattdessen stets auf „Wissenschaftlicher Politik" beharrte und sein Freiburger Institut „Seminar für Wissenschaftliche Politik" nannte, veranschaulicht die aufklärerischen Prämissen seines Denkens.

Im Beharren auf den „wissenschaftlichen" Charakter der politischen Bildung löste er sich von der in der Nachkriegszeit noch dominanten Rhetorik geisteswissenschaftlicher Pädagogik und ihren Traditionen einer sozial- und nationalpädagogischen Tugenderziehung und Institutionenkunde. Durch „wissenschaftliche" Erkenntnis sollte die potenzielle Inhumanität politischer Ideologien blockiert werden. Die politische Bildung musste sich der Realität stellen, sich um sozialwissenschaftliche Erkenntnis bemühen. Das Ziel war und ist der „mündige Mensch".[1] Wissenschaftliches Denken schloss für Bergstraesser die Reflexion über die Normen unseres Handelns, über das „Gesollte" ein. Gerade hier stand er in der Tradition des Humanismus und der Aufklärung.

Bergstraessers Gedanken zur Politischen Bildung waren in der deutschen Pädagogik der Nachkriegsjahre ein revolutionäres Programm.[2] Es fand einen konkreten Niederschlag in seinen Bemühungen, Einrichtungen politischer Bildung in Baden-Württemberg zu gründen und aufzubauen. Hierzu gehör-

---

[1] Bergstraesser 1961c, S. 303.
[2] Vgl. Behrmann 2012; Oberndörfer 2012.

ten die Einführung des Gemeinschaftskundeunterrichts an den höheren Schulen, die Gründung der Arbeitsgemeinschaft „Der Bürger im Staat", der Ausbau des Colloquium Politicum im Studium generale der Freiburger Universität und die Gründung des Studienhauses Wiesneck in Buchenbach bei Freiburg.

Mit dem von Bergstraesser mit Theodor Eschenburg und Wilhelm Simpfendörfer, dem Kultusminister Baden-Württembergs, gegen starken Widerstand in der Politik und der Lehrerschaft konzipierten und durchgesetzten Gemeinschaftskundeunterricht an den höheren Schulen des Landes wurde für die politische Bildung Exemplarisches von überregionaler Bedeutung geleistet. Der damit ausgedrückte hohe politische Stellenwert der politischen Bildung wurde auch durch deren Aufnahme in die Verfassung Baden-Württembergs als einer „verpflichtenden Aufgabe" angezeigt. „Gemeinschaftskunde" wurde nun ein mit den meisten anderen Fächern des Staatsexamens kombinierbares Fachstudium der Politikwissenschaft. Künftige Gymnasiallehrer:innen Baden-Württembergs konnten jetzt Politikwissenschaft für ihren Unterricht als künftige Gemeinschaftskundelehrer:innen studieren. Der große Vorzug der Gemeinschaftskunde-Ausbildung Baden-Württembergs bestand darin, dass sie im Unterschied zu den meisten anderen Bundesländern nicht ein Sammelsurium aus verschiedenen Fächern wie Soziologie, Politikwissenschaft, Geschichte und Geografie wurde, sondern in der Qualitätskontrolle eines Faches verblieb. Die damit geschaffene neue Generation politikwissenschaftlich ausgebildeter Lehrer:innen an den Schulen half wesentlich, den politischen Sachverstand in der Lehrer:innenschaft zu verbreitern und die Vorbehalte gegen politische Bildung zu beseitigen.³ Der Einführung des Gemeinschaftskundeunterrichts gingen viele Gespräche und Tagungen Bergstraessers mit Expert:innen voran.⁴ Da ich als Mitarbeiter Bergstraessers an einigen seiner Seminare mit manchmal penetrant „selbst-

---

[3] Der Kampf um die Stundendeputate der herkömmlichen Unterrichtsfächer an den Schulen und um die Deutungshoheit der Geschichte Deutschlands durch traditionelle Geschichts- und Geisteswissenschaften spielten hier eine wichtige Rolle.

[4] Charakteristisch ist hierzu die Korrespondenz des Freiburger Gräzisten Hermann Gundert mit Bergstraesser (UAF B 0204/8). Gundert, belastet durch sein Verhalten vor 1945, suchte Bergstraesser zu überzeugen, dass der altsprachliche Unterricht als Grundlage politischer Bildung völlig ausreiche.

bewussten" Lehrer:innen teilgenommen habe, ist mir die mühevolle Kärrnerarbeit seiner Überzeugungskampagnen noch in lebendiger Erinnerung.[5]

Für die allmähliche Akzeptanz der politischen Bildung an den höheren Schulen und in der politischen Öffentlichkeit kam dem Aufbau der Arbeitsgemeinschaft „Der Bürger im Staat" Baden-Württembergs unter dem Vorsitz Arnold Bergstraessers eine Schlüsselfunktion zu. Die spätere Landeszentrale für politische Bildung wurde durch fähige Leiter:innen und ihre Publikationen zum institutionellen und geistigen Motor der politischen Bildung in Baden-Württemberg. Die Bewilligung der für den „Bürger im Staat" benötigten finanziellen Mittel wurde von Bergstraesser und Eschenburg in Verhandlungen mit Kultusminister Simpfendörfer und wichtigen Landtagsabgeordneten gesichert.

Als Direktor des neuen Freiburger Instituts für Wissenschaftliche Politik war Bergstraesser vom Senat seiner Universität zum Leiter des Colloquium Politicum im Studium generale der Universität berufen worden.[6] Bergstraesser erhielt damit an der Universität Freiburg ein Instrument der politischen Bildungsarbeit unter Student:innen aller Fakultäten.[7] Politische Bildung als zentrale Aufgabe der „Wissenschaftlichen Politik" durfte und sollte in der Universität nicht bei den Student:innen des eigenen Fachs Halt machen. Im Colloquium Politicum standen Bergstraesser nun Mittel für Vorträge auswärtiger Referent:innen, für Wochenendseminare mit Student:innen und für eine:n hauptamtliche:n Tutor:in für die organisatorischen Betreuungsarbeiten zur Verfügung. Da viele Aktivitäten des Colloquium Politicum, so vor allem das Vortragsprogramm, öffentlich waren und von Interessent:innen aus der Stadt Freiburg angenommen wurden, wirkten sie auch in die Stadtöffentlichkeit hinein.

---

[5] So in einem Seminar im Freiburger Volksbildungsheim Waldhof mit damals noch überwiegend jungen Lehrer:innen.

[6] Das Studium generale war 1952 im Kontext einer Hinterzartener Tagung zur Reform der Deutschen Universitäten aus Kursen für Kriegsteilnehmer von Gerd Tellenbach, dem Freiburger Rektor, Mittelalterhistoriker und Hochschulpolitiker, ins Leben gerufen worden. Das Freiburger Modell war auch in Ansehung der dafür zur Verfügung gestellten Mittel von fünf hauptamtlichen Tutor:innen in einer noch kleinen Universität ein revolutionärer Versuch, dem Tunnelblick spezialisierter Studiengänge entgegenzuwirken.

[7] Die Beiträge Bergstraessers zu dem von ihm 1953 bis 1964 geleiteten Colloquium Politicum werden dargestellt in: Oberndörfer 2017.

Das Vortragsprogramm des Colloquium Politicum wird von Hans Maier anschaulich beschrieben:

„Im Colloquium Politicum tauchten im Lauf der Zeit viele Personen auf, die Rang und Namen hatten in der europäischen Politik und Wissenschaft, von Raymond Polin bis zu Henry Kissinger, von Wilhelm Grewe bis hin zu Michael Oakeshott, von Robert Schuman bis zu Bruno Kreisky. Jacques Chapsal sprach über ‚La Cinquieme Republique'. Klaus Mehnert referierte über ‚China im Zeitalter der Volkskommunen'. Unvergesslich war ein Abend mit Bruno Kreisky, der sich in Rede und Gegenrede bis tief in die Nacht hinzog."[8]

Als hauptamtlicher Tutor im Colloquium Politicum von 1954–1958 konnte ich dessen Arbeit auch selbst mitgestalten. Aus jener Zeit sind mir neben dem von Hans Maier erwähnten Vortragsprogramm bedeutender Wissenschaftler:innen, Politiker:innen und Diplomat:innen zu aktuellen politischen Themen vor allem die Wochenendseminare mit auswärtigen Referent:innen und interessierten Student:innen im sogenannten Fachschaftshaus der Universität auf dem Schauinsland bei Freiburg in Erinnerung. Vor dem Hintergrund des Hochschwarzwaldes und ohne die hemmenden Barrieren der Hörsaalatmosphäre wurde das rustikale Fachschaftshaus mit seinem Schlafsaal im Jugendherbergsstil jener Jahre und seinem strengen Dialekt sprechenden Verwalter zum fruchtbaren Biotop für engagierten und intensiven wissenschaftlichen Austausch.

Über das Colloquium Politicum wurde, wie mir scheint, in der Freiburger Universität auch eine Kultur politischer Toleranz etabliert, die sich später in der politischen Polarisierung von 1968 und den folgenden Dekaden bewährt hat. Mit nur einer Ausnahme blieben Vorträge in der Freiburger Universität 1968 und den manchmal noch turbulenteren Jahren danach trotz der lange anhaltenden politischen Radikalisierung der Studierenden von Störungen verschont.[9] Dies galt auch für Vorträge, die dem jeweiligen Zeitgeist nicht genehm waren.

---

[8] Maier 2013, S. 96 f. Maier berichtet über eine Diskussion mit dem ehemaligen österreichischen Kanzler Bruno Kreisky. Von Kreisky lernte ich bei seinem Besuch in Freiburg, wie man sich gegen unangenehme Schmeichelei wehren kann. In der Antwort auf allzu überbordendes Lob einer Tischrede entgegnete Kreisky im schönsten Wiener Tonfall: „Danke, Sie wissen ja gar nicht, wie viel Lob ich vertragen kann."

[9] Die Ausnahme: Bei einer Einladung des Bundeswohnungsministers Jürgen Schmude kam es zu massiven Störungen durch Freiburger Hausbesetzer:innen. Schmude hielt stoisch seinen Vortrag, obwohl man ihn wegen des Lärms der Störer:innen nicht ver-

8 Exemplarische Politische Bildung

Abb. 5: Das Studienhaus Wiesneck (Foto: Studienhaus Wiesneck).

Später habe ich das Colloquium Politicum von 1964 bis zum meiner Emeritierung 1995 geleitet und konnte so auch selbst von dessen Aktivitäten profitieren. Das Colloquium Politicum wurde von 1998 bis 2019 unter Jürgen Rüland, dem Nachfolger auf meinem Lehrstuhl, erfolgreich weitergeführt.

Und noch eine dritte Betätigung Bergstraessers auf dem Feld politischer Bildung verdient Erwähnung: Aus einfachen Anfängen gelang es Bergstraesser in Buchenbach bei Freiburg in einer Pension ein eigenes Zentrum für experimentelle politische Erwachsenenbildung zu gründen. In ihm, dem „Studienhaus Wiesneck", wurden mit Mitteln des Landes Baden-Württemberg und des Bundes bald auch Fachtagungen zu wichtigen politikwissenschaftlichen Themen durchgeführt. Das Teilnehmer:innenverzeichnis eines Seminars Bergstraessers über Methoden, Forschungs- und Lehrgebiete der wis-

---

stehen konnte. Dieses souveräne Verhalten des Ministers unter Vermeidung von Polizeieinsatz war ein wichtiger Etappensieg bei der Sicherung der Redefreiheit in der Universität. Die bei Polizeieinsatz wohl unvermeidlichen Solidarisierungen kamen nicht zustande.

senschaftlichen Politik, das er 1962 in der Wiesneck durchführte, vermittelt davon einen Eindruck. Es liest sich wie ein Who's who der Dozent:innen der damaligen Politikwissenschaft.

Erster Direktor des Studienhauses wurde Manfred Hättich.[10] Unter seinen Nachfolgern Rolf Schlüter, Dieter von Schrötter und Ulrich Eith wurde das Studienhaus sukzessive ausgebaut und konnte so 2020 als erfolgreiches Zentrum für politische Erwachsenenbildung sein sechzigjähriges Bestehen feiern.[11] Die Seminarangebote und Tagungen wissenschaftlich ausgewiesener Mitarbeiter:innen kamen auch der Fortbildung von Gemeinschaftskundelehrer:innen sowie Staatsexamenskandidat:innen für Gemeinschaftskunde zugute. Das Studienhaus Wiesneck hat sich mit seinen Angeboten und Veröffentlichungen auch um die Didaktik politischer Bildung verdient gemacht. Als Vorsitzender des Trägervereins konnte ich mich selbst am Aufbau des Studienhauses beteiligen und von seiner Arbeit profitieren.

---

[10] Hättich hatte nach seinem Studium der Theologie bei Paul Hensel, dem bekanntesten Schüler Walter Euckens, promoviert. Bergstraesser hatte Hättich über seine Tätigkeit in der UNESCO-Kommission kennen und schätzen gelernt. Für Hättichs eigenes Bekenntnis zu Bergstraesser und sein Wirken als bedeutender Theoretiker und Praktiker der politischen Bildung vgl. Hättich, Erinnerungen (Archiv Oberndörfer).

[11] Vgl. auch den Jubiläumsband zum fünfzigjährigen Bestehen: Eith/Rosenzweig 2012.

9 Politische Akademie Tutzing[1]

Einer der bedeutendsten Beiträge Bergstraessers zur Institutionalisierung Politischer Bildung war seine Mitwirkung an der Gründung der Politischen Akademie Bayerns in Tutzing. Er hat zu ihr die maßgebliche politische, konzeptionelle und inhaltliche Geburtshilfe geleistet. Die Gründung der Akademie war von Waldemar von Knoeringen, dem damaligen Vorsitzenden der SPD Bayerns, schon früh nach der Rückkehr aus dem Exil in Großbritannien angeregt worden. Mit der von Wilhelm Högner geführten ersten SPD-Regierung Bayerns ergab sich für von Knoeringen die Chance zur Verwirklichung seines Vorhabens einer Akademie für politische Bildung – gegen die Opposition der CSU im Landtag und auch gegen Widerstand in den eigenen Reihen. Waldemar von Knoeringen und dessen früher Mitstreiter Hans-Jochen Vogel, wenig später Oberbürgermeister Münchens, haben in dieser Situation den Schulterschluss mit Bergstraesser gesucht. Diese Hilfe war wegen des Prestiges und der Darstellungsgabe Bergstraessers politisch wichtig. Die notwendigen Gesetzesgrundlagen für die Gründung der Akademie konnten nicht zuletzt mit der Unterstützung Bergstraessers in Pressekonferenzen und Stellungnahmen im bayerischen Landtag durchgesetzt werden.

An der Vorbereitung der Gründung und auch an dieser selbst – dies muss hier unterstrichen werden – hat insgesamt ein Kreis von zahlreichen Personen aus Wissenschaft, Verwaltung und Politik mitgewirkt. Besonderes Gewicht hatten die „Grünwälder Tagungen": In den letzten Julitagen des Jahres 1955 kamen in der bei München gelegenen Sporthochschule Grünwald, einem damals noch „ruhigen abgelegenen Ort in der Natur", ein Kreis von zwanzig Expert:innen zusammen, um mit Waldemar von Knoeringen über die Konzeption einer Akademie für politische Bildung im Freistaat Bayern zu beraten.[2] Eingeladen hatte hierzu August Rucker, der SPD-Kultusminister im Kabinett Wilhelm Högners. Neben Expert:innen aus Hochschulen, allgemeinbildenden Schulen und Einrichtungen der Erwachsenenbildung zählten

---

[1] Text Günter Behrmanns mit Beiträgen Dieter Oberndörfers zum Mitwirken Bergstraessers an der Gründung Tutzings nach Akten im Archiv der Freiburger Universität.
[2] Vgl. Gelberg 2007, S. 18 ff.

Ministerialbeamte aus den zuständigen Ressorts (Kultusministerium, Staatskanzlei), die Leiterin des Schulfunks im *Bayerischen Rundfunk* und einer der leitenden Redakteure der *Süddeutschen Zeitung* zu den Geladenen.³ Zwei junge Landesbeamte, Thomas Ellwein, der erste Geschäftsführer der neu gegründeten bayerischen Landeszentrale für Heimatdienst, und der bereits erwähnte Amtsgerichtsrat Hans-Jochen Vogel standen von Knoeringen zur Seite. Ellwein wurde wenig später als renommierter Professor der Politikwissenschaft bekannt.

Die erhaltene Teilnehmerliste beginnt mit Arnold Bergstraesser, es folgen der Mitherausgeber der *Frankfurter Hefte* Walter Dirks, der Vorsitzende des Bayerischen Lehrerverbandes Wilhelm Ebert, Theodor Ellwein, einer der leitenden Dozenten der Evangelischen Akademie Bad Böll, sein schon erwähnter Sohn Thomas und Theodor Eschenburg, wie Bergstraesser Inhaber eines an der Universität Tübingen kurz zuvor eingerichteten Lehrstuhls für Wissenschaftliche Politik. Unter den weiteren Teilnehmer:innen befanden sich der damals im Hessischen Kultusministerium tätige Soziologe Eugen Lemberg, der Göttinger Pädagoge Erich Weniger und der Oberstudienrat Felix Messerschmid. Als einzige Frau in der Runde wird die Leiterin des bayerischen Schulfunks Annemarie Schambeck genannt.

Als Ergebnis des Gesprächs erhielt der Kultusminister am 31. Juli eine von Walter Dirks und Thomas Ellwein ausformulierte Denkschrift *Über die Gründung einer Akademie für Politische Bildung*.⁴ Danach sollte die Akademie als „geistig-pädagogisches Kraftzentrum" zwischen „wissenschaftlicher Einsicht, praktisch-politischer Erfahrung und politischer Urteilsbildung des Staatsbürgers" vermitteln und so dazu beitragen, „ein Gemeinwesen zu schaffen, das in allen seinen Bereichen frei, rechtsstaatlich und sozial ist". Als Zielgruppen wurden „Lehrkräfte für alle Zweige der politischen Bildung" – aus Schulen, Medien, Parteien Verbänden – sowie alle Staatsbürger:innen genannt, die an der „öffentlichen Meinungsformung" mitwirken.⁵ Vier Ge-

---

³ Vgl. ebd., S. 94 f.
⁴ Sie ist abgedruckt in ebd., S. 89–94. Von dort auch die folgenden Zitate.
⁵ Vorschläge, die Akademie mit bestehenden Bildungseinrichtungen, etwa der Münchener Hochschule für Politik zu verbinden, griff die Beratergruppe nicht auf. Sie sprach sich vielmehr für eine eigenständige Einrichtung mit einer Arbeits- und Tagungsstätte, einem:r Direktor:in, wissenschaftlichen Lehrkräften, einer eigenen Bibliothek und ei-

genstandsbereichen sollte die Akademie ihre besondere Aufmerksamkeit widmen: „dem gesellschaftlichen Aufbau des modernen Gemeinwesens", „den innenpolitischen Institutionen und den gesellschaftspolitischen Aufgaben" – insbesondere Vorgängen der „Willensbildung und Willensverwirklichung" –, „den weltpolitischen Zusammenhängen der Gegenwart" und der „Philosophie des Gemeinwesens".[6]

Damit waren die Aufgaben der Akademie so weit beschrieben, dass sich ein zweites Grünwalder Arbeitsgespräch im Dezember des Jahres 1955 auf ihren Rechtsstatus und deren „Organe" beschränken konnte. Dies bleibt schon deshalb erstaunlich, weil sich viele Teilnehmer:innen des ersten Grünwalder Arbeitsgesprächs zuvor niemals gesehen hatten. Sie verband nur die Bereitschaft, politische Bildung zu fördern.[7] Konnte es für eine Bildungseinrichtung, in der divergierende, teils sogar gegensätzliche Interessen und Überzeugungen aufeinanderstießen, ein tragfähiges Fundament geben? War zumindest ein Konsens der im Landtag vertretenen Parteien über den Sinn, die Aufgaben, die Organisation, die Arbeitsweise, die Ausstattung einer vom Land zu tragenden Akademie für politische Bildung denkbar?

Dies ließ sich bezweifeln, da nach den Landtagswahlen im November 1954 der gebildeten Regierungskoalition von SPD, FDP, GB/BHE und Bayernpartei im Landtag die CSU als stärkste und bei den Wahlen erfolgreichste Partei in scharfer Opposition gegenüberstand. Da die Regierungsparteien schon im Wahlkampf für und die CSU gegen die Aufhebung der Konfessionstrennung in den allgemeinbildenden Schulen und der Lehrerbildung gestritten hatten, wurde die Bildungspolitik in den folgenden Jahren zu einem Hauptkampffeld der bayerischen Politik. Jenes *window of opportunity*, das Politiker:innen im Auge haben und haben sollten, stand daher auch für das Vorhaben, eine Lan-

---

nem Archiv von Lehrmaterialien aus. Weiterhin wurden in der Denkschrift zentrale Themenfelder umrissen.

[6] Gelberg 2007, S. 91 f.

[7] Die Idee, dafür eine Akademie einzurichten, war nicht vollkommen neu. Zwar hieß es in der Denkschrift, dass sie „die erste dieser Art" sein würde. Aber es hatte bereits in der Weimarer Republik nach skandinavischen Vorbildern errichtete Heimvolkshochschulen gegeben. Und schon bald nach dem Ende der NS-Herrschaft waren kirchliche Akademien gegründet worden, so in München eine Katholische Akademie und am Starnberger See eine Evangelische Akademie. Hinter ihnen standen indes die Volkskirchen. Auch bei der Öffnung zur nicht oder nicht mehr christlichen Welt besaßen sie in ihren Glaubenslehren eine gefestigte Basis.

desakademie für politische Bildung zu gründen, allenfalls einen Spalt weit offen.

Dass dies nach mehrjährigen Auseinandersetzungen gelungen ist – die Akademie hat schließlich im Sommer 1958 im oberbayerischen Tutzing ihre Arbeit aufgenommen – kann primär von Knoeringen, seinen beiden „Hilfskräften" Ellwein und Vogel sowie Bergstraesser als dem akademischen „Schirmherrn" des Projekts zugerechnet werden. In zweiter Linie halfen weitere Teilnehmer:innen der beiden Grünwalder Arbeitsgespräche, zudem ein kleiner Kreis von Politiker:innen in der „Viererkoalition".

Lässt man die Politiker:innen beiseite, so fällt auf: Waldemar von Knoeringen hat sich vor allem auf Personen gestützt, denen nicht nachgesagt werden konnte, dass sie bei den Beratungen Parteiinteressen vertreten, der SPD oder ihm persönlich sehr nahestehen würden. Ferner lag ihm offensichtlich schon beim ersten Grünwalder Gespräch daran, Personen einzubeziehen, die andernorts an beachtenswerten Initiativen zur Förderung der politischen Bildung beteiligt waren. Es verdient Erwähnung, dass fast alle Angehörigen dieser Personengruppe in der Weimarer Republik in Gruppierungen der Jugendbewegung aktiv gewesen waren, oft auch mit einem besonderen Engagement für die politische Bildung.[8] Bergstraesser, Eschenburg und Fendt waren als Mitglieder der 1952 gegründeten „Deutschen Vereinigung für die Wissenschaft von der Politik" nach Grünwald eingeladen worden. Sie waren in ihr schon 1954 in einer Kommission für die Erarbeitung von Leitsätzen zur Ausbildung von Lehrkräften im Politikunterricht tätig geworden.[9] Weitere Mitglieder dieser Kommission waren Bergstraessers Vetter Ludwig Bergstraesser und die Marburger Professoren Wolfgang Abendroth und Adolf Grabowski, ferner Theodor Eschenburg, der wenig zuvor vom Kultusminister des Landes Baden-Württemberg als Politikwissenschaftler in eine Kommission berufen worden war, die den bundesweit ersten Lehrplan für einen Politikunterricht in der gymnasialen Oberstufe erstellen sollte. Dirks, Messerschmid und Weniger gehörten dem 1953 zur Beratung der Bil-

---

[8] Dies gilt insbesondere für Bergstraesser (Wandervogel, Feldwandervogel, Akademische Freischar), für Fritz Borinski (Leuchtenburgkreis), Walter Dirks (Quickborn), Eugen Lemberg (sudetendeutsche katholische Jugend), Felix Messerschmid (Quickborn), Thomas Ellwein (BK), Erich Weniger (Akademische Freischar) und auch für Waldemar von Knoeringen (Naturfreunde).

[9] Vgl. Mohr 1988.

dungspolitik geschaffenen „Ausschuss für das Erziehungs- und Bildungswesen" an, der 1954 ein erstes Gutachten zur politischen Bildung an den allgemeinbildenden Schulen vorgelegt hatte. Messerschmid hatte in Baden-Württemberg als Gymnasiallehrer 1948 die staatliche Akademie für Erziehung und Unterricht aufgebaut und dann bis 1955 geleitet. Im gleichen Jahr wurde er zum Vorsitzenden des Verbands der Geschichtslehrer Deutschlands gewählt. In dieser Funktion gehörte er auch dem Vorstand des Historikerverbandes an. Lemberg kam als Sozialwissenschaftler aus dem Hessischen Kultusministerium und damit aus dem für politische Bildung zuständigen Ressort desjenigen westdeutschen Flächenstaats, an dessen Volksschulen bereits in den Nachkriegsjahren ein Sozialkunde- und Politikunterricht eingeführt und um 1950 die ersten Lehrstühle für Politikwissenschaft an westdeutschen Universitäten eingerichtet worden waren.[10] Erich Weniger hatte in der Westdeutschen Rektorenkonferenz den Vorsitz eines Ausschusses für politische Bildung übernommen.

Nach der erfolgreichen Verabschiedung des gesetzlichen Rahmens für die Akademie im bayerischen Landtag haben Waldemar von Knoeringen und Hans-Jochen Vogel in einem Telegramm Bergstraesser für seine Geburtshilfe gedankt und um weitere Mitarbeit beim Aufbau der Akademie gebeten (▶ Abb. 6). Waldemar von Knoeringen bat Bergstraesser damals auch um Hilfe bei der Gewinnung Theodor Eschenburgs als ersten Direktors der Akademie, ein Vorhaben, das allerdings scheiterte, da es Eschenburg vorzog, Professor in Tübingen zu bleiben.

Die inhaltliche Konzeption der Akademie wurde von Bergstraesser in dichtem gedanklichem Austausch mit seinem Freund Felix Messerschmidt,[11] der dann statt Eschenburg zum ersten Direktor der Akademie wurde, erarbeitet. Dabei gab es einen schweren Konflikt mit dem Theologen Romano Guardini, einem Mitinitiator der Akademie, der den Erfolg der Gründung zeitweilig bedroht hat. Guardinis Stereotypen traditioneller antitechnischer Kulturkritik waren für Bergstraesser als Inhalte oder gar Prämissen der po-

---

[10] Vgl. Zilien 1997.
[11] Felix Messerschmidt, Engagement in der Jugendbewegung, insbesondere mit Romano Guardini im Quickborn-Arbeitskreis auf Burg Rothenfels, Mitbegründer und erster Direktor der Akademie für Erziehung und Unterricht in Calw. Von 1955 bis 1958 Leitung des Kepler-Gymnasium in Ulm. Von 1958 bis 1970 Direktor der Akademie für Politische Bildung in Tutzing.

litischen Bildung nicht akzeptabel. Sie weckten bei ihm explosive, zornige Reaktionen. Messerschmidt befürchtete daher negative Auswirkungen eines eventuellen Bruchs mit Romano Guardini im politischen Umfeld der Akademie. Der Konflikt, zu dem sich Bergstraesser in einer langen, intensiv mit Freiburger Mitarbeiter:innen diskutierten Stellungnahme geäußert hat,[12] konnte schließlich ohne Gesichtsverlust der Kontrahenten durch Messerschmidt, geschlichtet werden. Für die inhaltliche Planung der Arbeit der Akademie hat 1962 auch ein einwöchiges Seminar in Tutzing mit Freiburger Mitarbeiter:innen und verschiedenen Gästen über inhaltliche Komponenten politischer Bildung geholfen. Besonderes Gewicht in diesem Tutzinger Seminar hatten nach meiner Erinnerung die Beiträge Manfred Hättichs, Alexander Schwans und Heinrich Schneiders, des späteren Wiener Politikwissenschaftlers.

Abb. 6: Telegramm an Bergstraesser zum Erfolg des Gesetzesvorhabens für eine politische Akademie (Foto: Dieter Oberndörfer).

---

[12] Schreiben Bergstraessers an Messerschmidt v. 19.05.1959 (UAF B 0204/163).

10 Politische Akademie Eichholz

„Arnold Bergstraesser wollte nicht nur als akademischer Lehrer wirken, sondern Einfluss auf die Gestaltung der jungen Bundesrepublik nehmen. Aufgrund seiner Erfahrungen in der Weimarer Republik und in der amerikanischen Emigration hielt er dafür zwei nah verwandte Felder für besonders wichtig: die politische Bildung und die geistige Integration Deutschlands in die Wertewelt der westlichen Demokratien."[1]

Über die maßgebliche Rolle Bergstraessers bei der Gründung der Politischen Akademie Eichholz für Politische Bildung berichtet ausführlich Peter Molt. Molt war von 1960 bis 1965 der Leiter der Politischen Akademie Eichholz und erarbeitete in Erinnerungsdokumenten die Rolle Bergstraessers für den Trägerverein „Politische Akademie Eichholz e. V.", aus dem die CDU-nahe Konrad-Adenauer-Stiftung hervorging. Arnold Bergstraesser konnte als Vorsitzender des Trägervereins gewonnen werden, ein Amt, das er von 1958 bis zu seinem Tod 1964 innehatte. Da er kein Parteimitglied war, konnte er der Akademie in den Gründerjahren ein „intellektuelles und doch gleichzeitig unabhängiges Profil geben".[2]

Konrad Kraske, der damalige Bundesvorsitzende der CDU, äußerte sich dazu folgendermaßen:

> „Die Jahre, in denen er den Vorsitz übernahm und ich sein Stellvertreter war, habe ich immer als besonders fruchtbar für die Entwicklung der Stiftung gehalten: Arnold Bergstraesser vertrat die Stiftung nach außen und gab ihr ein intellektuelles Profil, während ich mich um die Finanzierung und um die personellen und organisatorischen Fragen kümmerte. Wir sind [uns] bei dieser Aufgabenverteilung nach meiner Erinnerung nicht ein einziges Mal ins Gehege gekommen, was mit einer so vortrefflichen Persönlichkeit wie Bergstraesser ohnehin schwierig gewesen wäre."[3]

Bergstraessers Bildungskonzept in der jungen Bundesrepublik trug auch hier Früchte, denn, so Molt:

> „Seine Konzeption einer weltoffenen werteorientierten staatsbürgerlichen Bildungsarbeit und seine synoptische Analyse der Weltpolitik in der Fortführung der Heidelberger historischen und kulturwissenschaftlichen Staatswissenschaft beeinflussten nicht nur

---

[1] Molt, Bergstraesser und die Konrad-Adenauer-Stiftung (Archiv Oberndörfer), S. 1 f.
[2] Ebd., S. 3
[3] Kraske, zit. nach Beaugrand 2003, S. 41 f.

maßgeblich die damalige junge Politikwissenschaft, sondern auch über die Politische Akademie Eichholz die Mentalitäten und Wahrnehmungen vieler jüngerer politischer Nachwuchskräfte der CDU."[4]

Und er fährt fort:

> „Durch die im Jahr 1962 begonnene gesellschaftspolitische Arbeit und Demokratieförderung in den Entwicklungsländern gewann die Politische Akademie Eichholz e. V. erheblich an Gewicht. Die Vorbereitungen für die Förderung begabter deutscher und ausländischer Studenten und für die Basisforschung zur Politikberatung waren weit vorangeschritten, als Bergstraesser am 24. Februar 1964 unerwartet starb. Diese Erweiterungen ihrer Arbeit schufen die Voraussetzung für die im Herbst 1964 erfolgte Umgründung der ‚Politischen Akademie Eichholz e. V.' in die ‚Konrad-Adenauer-Stiftung für politische Bildung und Studienförderung e. V.' Bergstraesser und das Leitungsteam der Politischen Akademie Eichholz sahen die Gunst der Stunde und nutzten sie. Dafür gab es keinen systematischen Plan. Bruno Heck, ab 1968 bis 1981 ihr Vorsitzender, hat später zu Recht in Abrede gestellt, dass die Gestalt der Konrad-Adenauer-Stiftung sorgfältig vorüberlegt und geplant worden sei. Sie sei vielmehr Stück für Stück gewachsen".[5]

Wie bei der Zusammenarbeit Bergstraessers mit Waldemar von Knoeringen bei der Gründung der Politischen Akademie Tutzing war auch bei Bergstraessers Beitrag zum Aufbau der unionsnahen Politischen Akademie Eichholz die enge Kooperation des Wissenschaftlers mit unterschiedlichen politischen Lagern noch möglich gewesen. Dass die Zusammenarbeit von Wissenschaft und Politik mit ihren verschiedenen politischen Hintergründen später immer mehr erschwert oder sogar verweigert wurde, spricht nicht für die demokratische Substanz unserer politischen Kultur.

Während Bergstraesser zur Zeit der Weimarer Republik die politische Bildung noch als Bildung der Bürger für Staat und Volk konzipiert hatte, ging es ihm nach der Rückkehr nach Deutschland um die Bildung mündiger Bürger:innen. Wie schon erwähnt, äußerten sich hier prägende Erfahrungen der Lebensgeschichte Bergstraessers, das Scheitern der Weimarer Republik und die Erfahrung der amerikanischen Demokratie während des Exils in den USA. Die neue Bundesrepublik Deutschland musste als Demokratie stabilisiert werden. Über politische Bildung bemühte sich Bergstraesser um die Festigung der Demokratie Deutschlands. In diesem Sinne resümiert auch Peter Molt:

---

[4] Molt, Bergstraesser und die Konrad-Adenauer-Stiftung (Archiv Oberndörfer), S. 4.
[5] Vgl. ebd., S. 5.

„Arnold Bergstraesser ging es bei dieser Bemühungen nicht um parteipolitische Ziele. Die Förderung der politischen Stiftungen entsprach seinem Verständnis einer stabilen Demokratie durch politische Bildung und einer internationalen Öffnung, die im eigentlichen Sinne des Wortes überparteilich war. Für die politische Kultur der Bundesrepublik bis 1990 und danach für das wiedervereinigte Deutschland spielten die Politischen Stiftungen eine wichtige Rolle. Arnold Bergstraesser hat für die anfänglichen Weichenstellungen einen wichtigen Beitrag geleistet, indem er die Bedeutung der politischen Bildung auch für die demokratischen Führungseliten, die Herausführung Deutschlands aus seiner durch die Kriegs- und Nachkriegsgeschichte bedingten Isolierung und schließlich die Akzeptanz der Herausforderungen einer sich zunehmend globalisierenden Welt unermüdlich verfocht."[6]

---

[6] Ebd., S. 9.

11 Die Schule Bergstraessers

Wer gehört zu den Schüler:innen Bergstraessers? Es geht hier nicht um eine stets anfechtbare essentialistische Definition der Begriffe „Schüler:in" oder „Schule". In nominalistischer Tradition „sollen" vielmehr die wichtigsten Mitarbeiter der ersten Generation in Bergstraessers Freiburger Institut für Wissenschaftliche Politik als Schüler Bergstraessers gelten und charakterisiert werden – Manfred Hättich, Gottfried-Karl Kindermann, Hans Maier, Dieter Oberndörfer, Kurt Sontheimer, Alexander Schwan, und Hans-Peter Schwarz. Sie alle haben sich noch unter der Ägide Bergstraessers oder kurz nach seinem Tode habilitiert.[1] Wie ihr Lehrer Bergstraesser und wie wenig andere deutsche Politikwissenschaftler:innen haben sie mit Praxisbezug und normativen Engagement wissenschaftlich und politisch gewirkt. Gedankliche Ausgangspunkte waren die Beiträge in der von mir 1962 herausgegebenen Festschrift für Arnold Bergstraesser mit dem programmatischen Titel *Wissenschaftliche Politik. Eine Einführung in Grundfragen ihrer Tradition und Theorie*.[2]

Sie alle sind eminent politische Politikwissenschaftler und wirkten sehr selbstständig, einflussreich und meinungsbildend in wissenschaftlichen Be-

---

[1] Da ich schon 1963 auf einen weiteren Lehrstuhl für Politikwissenschaft berufen worden war, konnte er 1965, nur ein Jahr nach dem Tode Bergstraessers, die Habilitationen seiner Kollegen Hättich, Kindermann und Schwan über die Aktionen, die dafür in der Fakultät notwendig waren, betreuen und durchsetzen. Da es wegen der Habilitation von drei Schülern Bergstraessers in nur einem Semester in der philosophischen Fakultät Ressentiments gegeben hatte, nahm er mit Unterstützung des Historikers Clemens Bauer, des Rektors der Universität Freiburg, Kontakt zu Theodor Eschenburg auf. Dieser betreute dann die Habilitation von Hans Peter Schwarz in Tübingen. In einer Mail v. 20.05.2017 erinnerte mich Hans Peter Schwarz an diese „Intervention" (Archiv Oberndörfer).

[2] Oberndörfer 1962. Die Festschrift beginnt mit meiner Antrittsvorlesung „Politik als praktische Wissenschaft", die ich intensiv mit Arnold Bergstraesser erörtert hatte. An der Festschrift haben auch Hans Wolfgang Kuhn (Professor für Politikwissenschaft/Frankfurt), der Soziologe Friedrich H. Tenbruck (Tübingen) sowie zwei ehemalige Schüler Bergstraessers aus Chicago, Muhsin Mahdi (Harvard) und Manuel Sarkisyanz (Heidelberg), mitgewirkt.

ratungsgremien und in politischen Parteien. Sie haben neben ihrem umfangreichen wissenschaftlichen Œuvre publizistisch mit großem Echo am politischen Diskurs ihrer Zeit in Zeitungen, in Zeitschriften, im Funk und im Fernsehen teilgenommen. Manfred Hättich, Alexander Schwan und Hans-Peter Schwarz haben zudem jahrzehntelang im Vorstand des Freiburger Arnold-Bergstraesser-Institut (ABI) mit mir als Vorsitzenden des Vorstands Forschungen zur Politik und Kultur der Dritten Welt gefördert – einem Kernprojekt der Politikwissenschaft Arnold Bergstraessers. Im Trägerverein des Studienhauses Wiesneck, d. i. Bergstraessers Institut für politische Bildung in Buchenbach bei Freiburg, wählten mich die Mitglieder ebenfalls zum ersten Vorsitzenden. Dies geschah aus Sorge um die weitere Existenz und Tradition dieser Einrichtung.

Zur zweiten Generation ehemaliger Mitarbeiter:innen und Student:innen Bergstraessers zählen u. a. die Professoren Clemens Albrecht (Bonn), Günter Behrmann (Potsdam), Roland Eckert (Trier), Wolfgang Jäger (Freiburg), Theo Hanf (Freiburg), Hermann Kulke (Kiel), Manfred Mols (Mainz), Karl Schmitt (Jena), Jürgen Schwarz (München), Theo Stammen (Augsburg), Heribert Weiland (Freiburg) und Hans Weiler (Stanford und Frankfurt/O.). Die Insignien der ersten Generation finden sich auch bei den meisten der zweiten Generation – bedeutende wissenschaftliche Leistungen politischer Politikwissenschaft mit Praxisbezug und normativem Engagement. Aus der zweiten Generation gilt dies ganz besonders für den Politikwissenschaftler Wolfgang Jaeger, langjähriger erfolgreicher Rektor der Albert-Ludwigs-Universität Freiburg und von Anbeginn mein Weggefährte. Theo Hanf, Politikwissenschaftler und Soziologe sowie als Kodirektor am ABI ebenfalls mein Weggefährte, begann seine Dissertation als Mitarbeiter Bergstraessers. Er benannte sich stets ganz nachdrücklich als dessen Schüler, so auch Manfred Mols, Politikwissenschaftler an der Mainzer Universität. Auch er ließ keinen Zweifel an seiner Verbundenheit mit Bergstraessers Politikwissenschaft.

Jürgen Schwarz verarbeitete an der Hochschule der Bundeswehr in München produktiv die Anregungen seines Lehrers Arnold Bergstraesser zur Internationalen Politik.[3]

---

[3] Zu Jürgen Schwarz siehe dessen Würdigung in der von Heinrich Oberreuter und anderen herausgegebenen Festschrift (Oberreuter et al. 2004).

12 Würdigung und Ausblick

Heute, über sechzig Jahre nach Arnold Bergstraessers plötzlichem Tod am 24. Februar 1964, gilt es mehr denn je, Bilanz zu ziehen und zu fragen, was von ihm überdauerte, was Wirkung entfaltete, was Früchte trug und sich weiterentwickelte, aber auch zu bilanzieren, was vergessen wurde. Diese Erinnerungen mögen dazu beitragen, ihn in seiner Zeit und über seine Zeit hinaus im historischen Gedächtnis zu bewahren und seine Erkenntnisse aus der Gründungsphase der Bundesrepublik Deutschland für uns als „Politisches Denken in der Gegenwart" zu reflektieren.

Arnold Bergstraesser war wie kein:e andere:r deutsche:r Wissenschaftler:in in der politischen Infrastruktur der Bonner Republik Konrad Adenauers präsent – in ihrer Regierung, im Bundestag, ihren Parteien, Stiftungen, Kirchen und ihrer Presse, ihren Beratungsorganen und ihrer Wissenschaft. Er war Vorsitzender oder hatte einflussreiche Positionen in allen wichtigen Organisationen in Politik und Wissenschaft inne: in der Gesellschaft für Soziologie, der Gesellschaft für Politik, in der Gesellschaft für Auswärtige Politik, in der UNESCO-Kommission, der Thyssen-Stiftung oder auch der Atlantikbrücke, um die bereits im Text ausgeführten Positionen noch zu ergänzen.

Die Deutschen wollten nach zwei verlorenen Weltkriegen, dem Holocaust, den schrecklichen Verlusten und der anhaltenden weltweiten Schädigung ihres Ansehens wenigstens im Westen akzeptiert werden. Hierfür waren Bergstraessers Kennnisse des Westens und seine persönlichen Verbindungen wichtig, vor allem zu Amerika, das er liebte und das für ihn wie für viele andere dorthin geflüchtete deutsche Wissenschaftler:innen zu einer zweiten Heimat geworden war. Die Bemühungen Bergstraessers um den Auf- und Ausbau von Zentren wissenschaftlicher Amerikastudien an Universitäten hatten darin ihre Wurzeln.

Zudem wollten und mussten die Deutschen nun auch die politischen Strukturen und die Institutionen ihrer neuen Demokratie verstehen lernen und erfolgreich gestalten. Dies schuf Akzeptanz für Bergstraessers rastloses und ihn persönlich verzehrendes Engagement für die politische Bildung. Die Gründung der politischen Akademien in Tutzing und Eichholz, des Studienhauses Wiesneck, Institut für politische Bildung in Buchenbach, sowie sein

Engagement für das Colloquium Politicum der Universität Freiburg waren dazu seine wichtigsten Erfolge.

Einrichtungen und Themen der politischen Bildung schienen in Politik und Gesellschaft damals ungleich wichtiger zu sein, als es heute der Fall ist. Angesichts der aktuellen multiplen Krisen und des weltweit zu beobachtenden Rückgangs von Demokratien ist dies unverständlich. An die Eminenz von Bergstraessers Rolle als viel bewunderter Goldfisch im politischen Aquarium der Bonner Republik erinnert, wie oben bereits erwähnt, ein gemeinsames Telegramm an Bergstraesser des Freiherrn Waldemar von Knoeringen, Mitglied des bayerischen Landtags und der SPD seit Ende des Zweiten Weltkriegs, mit Hans Jochen Vogel, dem Oberbürgermeister Münchens, am Tag der Verabschiedung des Gesetzes für die politische Akademie Tutzings im Landtag Bayerns. Von Knoeringen und Vogel dankten Bergstraesser vom Flugplatz München aus mit gebotener prägnanter Kürze für seine wichtige Hilfe bei der Geburt der politischen Akademie in Tutzing (▶ Abb. 6).

Was aber bleibt von Bergstraessers wissenschaftlichen Leistungen? Da ist zunächst eine eindrucksvolle Liste von Publikationen.[1] Seine Veröffentlichungen sind Zeugnisse einer existentiellen persönlichen Betroffenheit durch Politik und Kultur und von Versuchen ihrer persönlichen Aufarbeitung. Von ihnen haben mich die Aufsätze Bergstraessers zur Weltpolitik besonders beeindruckt.[2] Sein noch in Amerika verfasstes Buch über Goethe – bisher die einzige Biografie Goethes in englischer Sprache – ist eine sehr persönliche Interpretation des Humanismus Goethes.[3] Sie ist im Goethebild der gebildeten Bürger Deutschlands des ausgehenden 19. Jahrhunderts beheimatet – vermutlich ein Ärgernis in Fußnoten philologischer Goethe-Spezialist:innen. Des jungen Wissenschaftlers Bergstraesser berühmtes Buch über *Staat und Wirtschaft Frankreichs*[4] galt und gilt zu Recht auch heute noch als Pionierleistung einer synoptischen kulturwissenschaftlichen Länderanalyse.

---

[1] Vgl. Hennrich, Bibliografie der Schriften Arnold Bergstraessers (Archiv Oberndörfer), S. 16; vgl. auch Oberndörfer 2018.
[2] Vor allem: „Die weltpolitische Dynamik der Gegenwart" und „Die Hoffnung auf eine weltweite politische Ordnung", beide in: Bergstraesser 1965b.
[3] Bergstraesser 1962b.
[4] Bergstraesser 1930a.

Der enorme Nachhall Bergstraessers in der deutschen Politikwissenschaft durch seine Schüler:innen und durch die von ihm gegründete „Arbeitsstelle für kulturwissenschaftliche Forschung", umbenannt nach seinem Tode in „Arnold-Bergstraesser-Institut für kulturwissenschaftliche Forschung", das ich lange geleitet habe, wurde von mir beschrieben.[5] Die Arbeitsstelle hat junge Talente gefördert, die sich für Kulturen und Politik in außereuropäischen Ländern interessierten. Sie waren und sind wissenschaftlich und beruflich überaus erfolgreich. Das Arnold-Bergstraesser-Institut zählt bis heute zu den bedeutendsten Forschungszentren für vergleichende Regionalwissenschaften, transregionale Forschungen und Analysen des Globalen Südens.

Ein weiteres Vermächtnis Bergstraessers ist sein Verständnis der Internationalen Politik. Sie ist für ihn nicht nur Beschäftigung mit sich voneinander abgrenzenden Nationalstaaten. Sie muss vielmehr Gegenwartsanalyse und Programm für den Auf- und Ausbau der technisch, kulturell und politisch zusammenwachsenden Welt – für „Weltinnenpolitik" – sein. Ihre Grundlage sollen wissenschaftliche Untersuchungen der Kulturen der Welt im Sinne des Ethnologen Robert Redfields werden: Redfield zufolge gehören zur Kultur stets auch Wirtschaft, Technik und soziale Strukturen, und nicht nur wie zuvor in Deutschland kulturelle Normen oder Überlieferungen. Bergstraessers Weltpolitik und ihre „Weltinnenpolitik" waren und sind eine wichtige Orientierung für Analysen der internationalen Politik.[6]

Das Zentrum des Wirkens Bergstraessers in der Bonner Republik bilden seine Bemühungen um die Stabilisierung und Verdichtung der Beziehungen mit den USA als Schutzmacht und Verbündeter Deutschlands. Hierzu ergaben sich für ihn sichtbar tiefgreifende Veränderungen des politischen Umfeldes der USA in Asien. Seine Sorge galt deshalb dem fast explosionsartigen wirtschaftlichen Aufbau der Anliegerstaaten im Pazifik. Dies bewirkte eine ständige zunehmende Stärkung ihrer Beziehungen mit den USA und konnte die Zusammenarbeit mit Europa schwächen. In der Regierung der USA und in der amerikanischen Publizistik fand eine intensive Debatte statt, ob Asien oder Europa der künftige Schwerpunkt der amerikanischen Politik werden

---

[5] Oberndörfer 2011.
[6] Vgl. Mohr 1997; Bergstraesser 1965b.

solle.⁷ Dies war auch die Leitfrage in meiner von Bergstraesser angeregten Habilitationsschrift über das *Problem der Koexistenz in der amerikanischen Politik* mit einem Besuch amerikanischer Forschungseinrichtungen der Internationalen Politik und auch des Policy Planning Staff in Washington zur Vorbereitung der Gründung der SWP durch Bergstraesser (▶ Kap. 7).

Aktuell lassen sich Veränderungen der kulturellen Grundlagen in den Gesellschaften der USA und Deutschlands beobachten. Heute haben die katholische Kirche der USA und die protestantischen Kirchen der ehemaligen Einwander:innen aus Europa, vor allem die Presbyterianer, Lutheraner und Methodisten, durch den sozialen Aufstieg und die Säkularisierung ihrer Mitglieder ihre ehemalige Führungsposition in der Politik Amerikas verloren.⁸ In der Politik der republikanischen Partei dominieren nun „erweckte" Christ:innen (*reborn*), Gläubige und Nachkommen der in ihrer Geschichte so oft überaus wirren Wiedertäufer. Der kriminelle Donald Trump wurde sogar unlängst von einem ihrer Gläubigen als „Gesandter Gottes" bezeichnet. Beschämend für das Ansehen Amerikas ist, dass fast die gesamte politische Führung der Republikaner die Taten Trumps verharmloste und damit auch gebilligt hat.

Zur Zeit Bergstraessers erfolgte der Aufbau der Ökonomien in den USA und der Bundesrepublik Deutschland nach unterschiedlichen politischen Modellen. Während in den USA Zuwander:innen mit und trotz ihrer Herkunft aus vielen Ethnien vollberechtigte Bürger:innen werden konnten, war in der Bonner Republik Bergstraessers ihre Akzeptanz als Bürger:innen mit Verbleiberecht nur Migrant:innen deutscher Volkszugehörigkeit und Kultur vorbehalten. Dies ermöglichte zwar die schnelle Aufnahme und Integration vieler Millionen vertriebener und geflüchteter Deutscher, brachte damit

---

⁷ Die Entscheidung für Europa wurde von George F. Kennan, dem geistigen Vater der *policy of containment*, und von John Foster Dulles als Außenminister durchgesetzt. Mein eigenes Interesse an der kulturellen Entwicklung Amerikas ergab sich aus meiner soziologisch-theologischen Dissertation (Oberndörfer 1961).

⁸ Der Presbyterianer John Foster Dulles ist dafür ein Beispiel. Er war lange als Banker, Außenminister und politischer Autor eine politisch dominierende Persönlichkeit in der Außenpolitik und Öffentlichkeit Amerikas. Wichtig war auch der politische Einfluss des reformierten Theologen Reinhold Niebuhr an der Theological School New Yorks, dem calvinistischen Vatikan der amerikanischen Presbyterianer. Niebuhr hatte einen bedeutenden Einfluss auf die amerikanische Öffentlichkeit und andere protestantische Kirchen.

aber auch die Zementierung der im Kampf mit Napoléon gewachsenen Ideologie einer Nation der Abstammung von Deutschen mit deutscher Kultur mit sich. Als dann gegen Ende des 20. Jahrhunderts das Potenzial der Zuwanderung „ethnischer Deutscher" aus Ost- und Südosteuropa ausgeschöpft war und der Bedarf an Arbeitskräften durch Gastarbeiter:innen und Migrant:innen gedeckt werden musste, entwickelte sich in den Parteien eine Koalition für die Blockade des Bleiberechts und der Integration von „fremden" Einwanderer:innen. Der damit genährte Kampf gegen die Einwanderung von „Ausländer:innen" und die von dieser Koalition befürchtete Gefährdung der kulturellen Homogenität Deutschlands belasteten wie kein anderes politisches Thema die Innenpolitik der Bonner Republik.

In der innenpolitischen Debatte über Einwanderung war das 2005 durch den damaligen Innenminister Wolfgang Schäuble durchgesetzte einklagbare Recht auf Einbürgerung von Migrant:innen sogenannter „fremder" Ethnien eine politische Zäsur: Migrant:innen konnten jetzt Bürger:innen Deutschlands werden. Von nun an gab es eine ständige Erleichterung ihrer Integration und die Zunahme ihrer Zahl.

Ich erwähne dies, da ich als Vorsitzender des Rats für Migration mit vielen Veröffentlichungen und Interviews am innenpolitischen Ringen für die politische Integration der Zuwander:innen in Deutschland teilgenommen habe.[9] Dabei war ich in einem zwar kritischen, aber stets freundschaftlichen Kontakt mit Wolfgang Schäuble, seitdem er 1972 als ehemaliger Mitarbeiter im Freiburger Colloquium Politicum ausgeschieden war und nun als Mitglied im Deutschen Bundestag seine steile politische Karriere begann. Es folgte ein stetiger Austausch, in dem er sich bis zu seinem Tode 2023 um die Auslotung und Verwirklichung der Integration der Eingewanderten im Rahmen des politisch Möglichen bemühte, während ich selbst versuchte, mich um das dafür Wünschbare zu kümmern. Die Konflikte, die sich bei den Einschätzungen des politisch Möglichen und des politischen Wünschbaren ergaben, wurden in vielen Begegnungen durch gemeinsame Erfahrungen und darin begründete Freundschaft immer wieder bewältigt.[10]

---

[9] Vgl. dazu auch Oberndörfer 2018.
[10] Wolfgang Schäuble wollte primär eine Nation Deutschstämmiger. Mit der Durchsetzung der Einbürgerung von „Fremden" beendete er die bis dahin geltende Begrenzung ihrer Einbürgerung Dank seiner humanen Gesinnung.

Sehr schwierig wurde das für mich jedoch nach der Deutschen Einigung in meinem Verhältnis zu dem Historiker Heinrich August Winkler, meinem guten Freund in seiner Freiburger Zeit. Vor der deutschen Einigung hatte Karl Dietrich Bracher, der dominante Senior der deutschen Politikwissenschaft, die Bonner Republik als „postnationale Republik" definiert und damit auch die noch sehr umstrittene Einwanderung legitimiert. Winkler interpretierte die deutsche Einigung aber als Ende von Brachers postnationaler Republik – als Rückkehr zur Nation von Deutschen. Damit begründete er auch seine kompromisslose Opposition zur Aufnahme syrischer Flüchtlinge durch Angela Merkel. Ich widersprach Winkler, da die Zuwanderung nach Deutschland demografisch notwendig und die Aufnahme von Menschen auf der Flucht vor Verfolgung und ökonomischer Not ein zwingendes Gebot der Menschenrechte ist.[11] Ich beteiligte mich daher dann auch an der Gründung des Rats für Migration in Freiburg[12] und seinen Aktivitäten, u. a. als dessen erster Vorsitzender von 2000–2004.

Bei dem Konflikt mit Winkler ging es um die Zukunft des vereinigten Deutschlands entweder *ad infinitum* als Nationalstaat „Deutscher" oder als eine auch für Einwander:innen offene Republik. Damit komme ich aber zum großen Vermächtnis Arnold Bergstraessers zurück: zu der von ihm geforderten Weltinnenpolitik in unserer sich zur Einigung verbindenden „einen" Welt. Damit wurde von ihm die vorrangige politische Aufgabe in der von Selbstvernichtung bedrohten Welt genannt. Zwar wird die Welt auch weiterhin aus Nationalstaaten bestehen, dennoch muss ihre politische und kulturelle Einigung nun endlich den Vorrang haben.

---

[11] Vgl. Oberndörfer 2016; 2018, S. 5.
[12] Für die Vereinsgründung wurde beim Registergericht die Adresse und Hilfe des Arnold-Bergstraesser-Instituts angegeben.

Anhang

Arnold Bergstraesser (1957/58):
Die Stellung der Politik unter den Wissenschaften

Arnold Bergstraesser (1959):
Erziehung zum Weltbürger

Ernst Fraenkel (1965):
Arnold Bergstraesser und die deutsche Politikwissenschaft

Die Stellung der Politik unter den Wissenschaften

Arnold Bergstraesser (1957/58)[1]

Politik als Wissenschaft ist in der abendländischen Überlieferung gleichzeitig mit dem philosophisch-wissenschaftlichen Denken entstanden. Im Verlauf der Wissenschaftsgeschichte hielt sie sich in einer dauernd nahen Verbindung zur Philosophie ebenso wie zur Historie. Platon und Thukydides sind gleichermaßen klassische Quellen politischer Einsicht. In der mittelalterlichen Welt haben Theologie und Philosophie der Geschichte dem Denken über Imperium, Herrschaft und Volk wie den publizistischen Kämpfen eine besondere Farbe gegeben. In der neueren Geschichte fand das wissenschaftlich politische Denken Förderung bei verschiedenen Forschungsrichtungen, denen jeweils aus dem geschichtlichen Verlaufe selbst die Vitalität ihrer Fragestellung erwachsen war: beim Öffentlichen Recht und beim Völkerrecht im Zeitalter des Althusius, des Grotius und des Pufendorf; bei der kameralistischen und der historischen Nationalökonomie bis zu Friedrich List und Gustav von Schmöller; bei der Geschichtswissenschaft des 19. Jahrhunderts in den Werken Dahlmanns, Rankes und Treitschkes; schließlich bei den Soziologen von Saint-Simon und Comte an bis zu Pareto, Max Weber und Alfred Weber. Immer stand das wissenschaftlich politische Denken in einem vitalen Bezug eigener Art zur Daseinsepoche des Denkenden selbst, sosehr dieses Verhältnis zurücktreten mochte hinter dem Bestreben, zu überzeitlich Gültigem vorzustoßen. Eben darum gehören zu seinen wesentlichen Voraussetzungen die beiden sich auf das Geschehen der zeitgenössischen Epoche richtenden Versuche der Zeitgeschichte und der die gesellschaftliche Kräftedynamik untersuchende der soziologischen Gegenwartsanalyse. Dennoch hat Politik ihre Eigenart in einer spezifischen Weise des Fragens. Sie zu umreißen, soll hier versucht werden.

---

[1] Zuerst publiziert in: B. Welte et al. (1958) (Hg.), *Bedeutung und Funktion der Grenze in den Wissenschaften* (S. 85–95). Freiburg im Breisgau.

Im geschichtlichen Verlauf des geistigen Lebens verändert sich das Verhältnis, in dem die Disziplinen des wissenschaftlichen Denkens zueinander sich befinden. Zugleich bleibt im Ganzen des Wissens eine Tendenz zur Herstellung einer Gesamt-Ordnung wirksam, die der vorwissenschaftlich gegebenen Einheit der Daseinserfahrung entspräche. Denn eben diese bildet den vitalen Grund der Entstehung, der Geschichte und des Zusammenwirkens der Wissenschaften. Eben weil jede von diesen Wissenschaften in einem Spannungsverhältnis gegenseitiger Einwirkungen zum Dasein des Menschen als Ganzem sich entfaltet, eben weil jede aus einem eigenen sowohl prinzipiellen wie historischen Grund des Fragens hervorgeht, erweist sich der Begriff einer starren Grenze zwischen den Disziplinen als unzulänglich und muss uns die Vorstellung einer Gewanneinteilung der Wissenschaften in die Irre führen. Vielmehr liegt es nahe, dieses Bild zu ersetzen durch ein anderes, etwa das eines Kranzes lichtspendender Zentren, deren Strahlenkegel einander überschneiden und gemeinsam den Umkreis des gesichert Erforschlichen zu erweitern bestrebt sind. Aber auch dieses Bild erweist sich als ungenügend, sobald wir die Art der angedeuteten Überschneidungen des Näheren zu fassen suchen. Denn dann stellt sich heraus, dass die Wissenschaften nicht nur einander gegenseitig voraussetzen oder ergänzen, sondern auch in eine wechselnde Beziehung der Über- und Unterordnung zueinander treten können, dass also Bewegung auch diesen Kranz lichtspendender Zentren beherrscht, Bewegung, die umso wesentlicher wird, je mehr wir der Geschichtlichkeit des Wissens gewahr werden. Aber der Ertrag eines solchen vorläufigen Suchens nach einem adäquaten Bilde für den Zusammenhang der Wissenschaften führt uns immerhin auf zweierlei hin: einmal darauf, dass eine ursprüngliche Not des Fragens konstitutiv ist für den Aufbau und die Überlieferung jeder wissenschaftlichen Disziplin und konstitutiv bleibt für ihre Geschichte. Zweitens darauf, dass das Bewusstsein der gegenseitigen Überschneidung und Ergänzung, die sich aus den verschiedenen grundsätzlichen Fragestellungen ergeben, von Bedeutung sein muss für das Verfahren der wissenschaftlichen Arbeit, für ihre Ökonomie und ihre Organisation und schließlich für ihre Fruchtbarkeit.

All dies gilt in hervorragendem Maße für die Politik als Wissenschaft, um deren Ortsbestimmung es sich hier handelt. Darum werde ich versuchen, zunächst das Zentrum des Fragens anzudeuten, welches für Politik als Wissenschaft konstitutiv ist, dann die einfachsten Umrisse der Fragestellungen, die sich aus ihm ergeben und zur Ausbildung von Einzeldisziplinen führen, zu entwickeln und von hier aus ihrem Verhältnis zu anderen Wissenschaften nachzugehen. Der geschichtliche Charakter des Wissens würde einen ergänzenden Rückblick auf den Ort der Politik als Wissenschaft im welthistorischen Gang des Geistes verlangen.

I

Der Mensch ist nicht das einzige Geschöpf, das sein Dasein nur als soziales Wesen, das heißt in Gemeinschaft mit anderen, zu führen vermag. In der außermenschlichen Natur finden sich jene Beispiele von Ordnungen eines sozialen Zusammenhangs, wie die Arbeitsordnung der Termiten oder der Staat der Bienen, die als Leitbild oder als Gegenbeispiel das Nachdenken über die Gemeinschaft der Menschen und ihrer Ordnung oft erregt haben. In einer bestimmten Ordnung um der Entfaltung des eigenen Daseins willen aufeinander verwiesen zu sein, ist im Reiche der Pflanzen sogar geläufig. Der Begriff des Gefüges, mit dem wir die Gesetzlichkeit solcher sozialen Ordnungen einzufangen suchen, verbindet sich sowohl mit dem Bauen wie mit den Gewichtsverhältnissen und Bewegungsgesetzen der festen Körper überhaupt. Denn ein Gefüge besteht darin, dass Teile in sinnvoller Zuordnung zueinander in ein Ganzes eingehen, das aus ihnen gebildet wird. Aber ein wesentliches Moment unterscheidet die Ordnung der außermenschlichen Welt von der des Menschen: Wenn dort die Notwendigkeit der Willkür die engsten Grenzen zieht, so nimmt in der Welt des Menschen die Notwendigkeit den Charakter einer bedingenden Voraussetzung an, und der freien Wahl ist ein sich vergrößernder Raum gegeben. Wird der „Staat" in der Analogie zur Harmonie des Kosmos begriffen, so ist der Kosmos der Menschenwelt jedenfalls nicht an sich gegeben, sondern er ist ihr zur Leistung aufgegeben. Er kann nicht ein für alle Mal errichtet werden, sondern ist der Eigendynamik der Teile und Teilkräfte, wie etwa der Mit- und Gegenwirkung anderer Staaten, das heißt aber der geschichtlichen Umgestaltung, ausgesetzt. Dieser geschichtliche Fluss selbst aber schränkt die Möglichkeiten des Handelns und der Verhaltensweisen ein. Er wirkt bedingend durch den „Stand" der Dinge. In Wirklichkeit „stehen" sie aber nicht, sondern sie werden in gewissem Maße fassbar, eben insofern, als sie unwiderrufliche Voraussetzungen für das Kommende wie für die nächsten „Schritte" sind. Niemals aber stellt politisches Handeln dem Menschen eine Aufgabe, ohne die Freiheit des Wählens unter mehreren gegebenen Möglichkeiten offenzulassen und damit zugleich die Not der Entscheidung aufzuerlegen.

Aus dieser Freiheit und Not, entscheiden zu müssen, und zwar, wenn es um eine politische Entscheidung geht, jeweils für ein soziales Ganzes entscheiden zu müssen, erwächst die Fragestellung, die für das wissenschaftliche Denken von Politik konstitutiv ist. Sie entspringt also aus dem Aufeinander-Verwiesen-Sein der Menschen in der Daseinsführung überhaupt, weil eben dem Menschen statt der Durchführung einer vorgegebenen Ordnung die Konzeption und Verwirklichung einer zu denkenden Ordnung zugewiesen ist.

Seit dem Beginn des Nachdenkens über das Politische zeigt sich dieser doppelte Aspekt unserer auf das Gemeinwesen des Menschen gerichteten Frage. Indem wir auf seine Bedingtheiten stoßen, finden wir uns gezwungen, nach der Art dieser Bedingtheiten und nach dem Grad ihrer Zwangsläufigkeit zu fragen, also danach, wie Gemeinwesen denn bestehen können, allgemein und jeweils im konkreten Fall. Indem wir auf die Freiheit und Not der Entscheidung stoßen, finden wir uns auf die weitere Frage verwiesen, wie sie denn beschaffen sein solle, und zwar wiederum überhaupt und im konkreten Falle. Wegen der Wahlfreiheit, die dem Menschen als einem erkennenden Wesen gegeben ist, und wegen der Wirkung, die das eigene Verständnis seiner Welt und seiner selbst auf seine Entscheidungen ausüben muss, erwachsen aus der Beobachtung und Analyse des Soseins sozialer Ordnungen manche Einblicke in die Grenzen der Wahlfreiheit, das heißt aber in das Mögliche. Aber diese Einblicke genügen noch nicht zur Bestimmung des Richtigen. Um nicht in die Irre leeren Wünschens zu geraten, wenn wir aus der Sorge um die Richtigkeit des politischen Handelns dem Handeln selbst vorzudenken versuchen, ist es umgekehrt unerlässlich, das Mögliche zu kennen. Wir können uns freilich nicht anmaßen, das Moment des Wagnisses aus der politischen Entscheidung zu verbannen, denn damit würden wir eine konstitutive Eigentümlichkeit des menschlichen Daseins übersehen, von der es keine Emanzipation gibt. Aber wir dürfen hoffen, das Wagnis eingrenzen zu können, indem wir den Bereich der Gewissheit durch gegründetes Wissen zu erweitern suchen. Politische Entscheidung erfolgt grundsätzlich in dieser Spannung zwischen der Analyse der Gegenwart und dem bedachten Sprung in die nicht in allem verhüllte Zukunft. Sie erfolgt grundsätzlich in der Rückbesinnung auf das Gesollte und im Wissen um das Mögliche. Eben darum gehört die Ethik des Aristoteles zur Politik, eben darum gehört seine normative Frage nach dem Sinn des Daseins und der Rangordnung der geistigen Fähigkeiten des Menschen zusammen mit der anderen nach der tatsächlichen Beschaffenheit der Systeme der öffentlichen Ordnung. Eben darum ist einerseits das Kriterium für seine Bestimmung des bestmöglichen Staates aus der metaphysischen Besinnung gewonnen, während andererseits die Strukturelemente des Staates, die dem verfassunggebenden Staatsmann zur Wahl stehen, sich aus der empirisch-historischen Beobachtung ergeben. Damit haben wir gewissermaßen die Ausdehnung des Strahlungsbereiches angedeutet, über den die politische Fragestellung sich erstreckt, und zugleich das Gegenstandsgebiet umrissen, innerhalb dessen die zu suchenden Antworten zu finden sind. Der antike Begriff der Polis, des in der Ungeschiedenheit von Gesellschaft und Staat sein Dasein führenden Gemeinwesens, bleibt darum eine Denkvorstellung, die bis heute geeignet ist, die Weite des vom politischen Denken in Betracht zu nehmenden Bereiches anzudeuten. Von diesem Begriff her erhellt sich auch der Sinn der für die moderne Welt unentbehrlich gewordenen Gegenüberstellung jener sozialen Gefüge, die durch staatliche Gewalt zwar ermöglicht, aber nicht herbeigeführt worden sind, und des spezifischen Bereichs, in dem staatliches Handeln zustande kommt und wirksam wird, nämlich des Bereichs der verbindlichen Entscheidung und der Stiftung von Ordnung, Frieden und Sicherheit. Diese Weite des Begriffs des Politischen kann zugleich warnen vor den Konsequenzen von Denkansätzen, die zunächst schärfer erscheinen mögen, aber schon wegen ihrer Prämissen fruchtbare Möglichkeiten des politischen Denkens verstellen könnten.

So mag es verlockend sein, Politik, zumal politisches Urteilen und Handeln ein Engagement voraussetzt, zu verstehen aus dem Interesse, das notwendig zunächst aus der eigenen Lage und Willensrichtung des Handelnden erfahren wird. Aber schon der unvermeidliche Zusammenstoß gegensätzlicher Interessen zwingt das Partialinteresse des einen, abzugehen von der Unmittelbarkeit des Versuchs, sich geltend zu machen, und Richtung zu nehmen auf ein Ganzes hin. Von diesem Ganzen her erst kann das unmittelbare Eigeninteresse sich auf die Ebene des Wohlverstandenen Interesses erheben. In ähnlicher Weise mag es verlockend sein, Politik aus der Eigengesetzlichkeit der Macht zu verstehen, und der scharfsinnige Einblick in die *ragione dello stato*, zu dem Machiavelli den Anstoß gegeben hat, ist mit gutem Grund für das politische Wissen ein zentraler Gegenstand der kritischen Auseinandersetzung geblieben. Wer aber auf die Kritik der Staatsraison verzichtete, um sie als ausschließlichen Bestimmungsgrund des erfolgreichen Handelns hinzunehmen, geriete in die Gefahr verengender Unproduktivität aus Doktrinarismus. Schließlich war es einmal verlockend, den Begriff des Politischen aus der wiederum vereinfachenden Unterscheidung zwischen Freund und Feind abzuleiten. Aber diese Unterscheidung ist gerade nicht das Moment, auf das schließlich alle politischen Handlungen und Motive zurückführen. Das Politische erschöpft sich nicht im Polemischen, das heißt im möglichen oder wirklichen Konfliktfall, und ist auch nicht von ihm her zu bestimmen. Vielmehr kann die den Konflikt veranlassende Feindschaft nur verstanden werden aus einer letzten wirklichen oder vermeintlichen Sorge um die eigene Polis, deren Folge der Konflikt sein kann, der innere wie der äußere. Auch wenn das *jus belli* aufhörte, würde die Politik nicht aufhören, denn sie und ihre Begriffe sind zwar dem Polemischen ausgesetzt, aber weder ist das Polemische identisch mit der Ausübung physischer Gewalt noch Politik mit Polemik. Die Begriffe des Interesses, der Macht und der Unterscheidung von Freund und Feind tragen dazu bei, den Begriff des Politischen durch die in ihnen angelegte Reduktion auf Faktoren zu verengen, die das Ganze nicht zu tragen vermögen.

II

Die Weite der im Gegensatz zu den erwähnten reduktiven Versuchen vertretenen Auffassung des Politischen eröffnet nun der Analyse der Motivationen und Handlungsgefüge bei den Willensträgern des politischen Denkens ausreichenden Raum und ebenso der Kritik des normativen Bewusstseins, an dem sich das politische Handeln umso mehr orientieren muss, je näher es der verantwortlichen Entscheidung steht. In Konsequenz dieser Fragestellung bilden sich vier Einzelgebiete des Fragens im Bereich des politischen Denkens heraus: die Soziologie, die Innere Politik, die Internationale Politik und die Staats- und Sozialphilosophie. Das Vordenken für die politische Entscheidung aus der Sorge für das Gemeinwesen verlangt den Einblick in Aufbau und Dynamik des gesellschaftlichen Daseins. Denn eben hierauf bleibt das politische Handeln bezogen und von dort her ist es Einwirkungen unterworfen. Der Wissenschaftszweig, der diesen Einblick zu eröffnen versucht, heißt Soziologie. Er arbeitet theoretisch, indem er den Gefüge-Charakter zwischenmenschlicher Beziehungen überhaupt zeigt. Die soziologische Forschung bedient sich des historischen Vergleichs, um das gefügegerecht Notwendige vom geschichtlich Einmaligen scheiden zu lernen. Und schließlich arbeitet der Soziologe empirisch, um an der Beobachtung wirklicher Verhaltensweisen die darüber herrschenden Vorstellungen zu kontrollieren. Soziale Gefüge bestehen meist vor ihrer rechtlichen Sanktion und sie können bestehen ohne sie. Sie lassen sich nicht auflösen in Beziehungen zwischen Einzelnen. Sie sind eher geneigt, die individuelle Psyche sich unterzuordnen, als von ihr bestimmt zu werden. Schon Freundschaft ist ein solches Gefüge, das die Erwartung gefügegerechten Verhaltens rechtfertigt. Die Gefüge menschlichen Zusammenwirkens sind die grundlegende Vorform der Institution. Ein Gefüge ist zum Beispiel die marktwirtschaftliche Unternehmung. Die Einsicht in ihre Eigenart hat mitgewirkt an der Erzwingung des Rechts, das ihre optimale Entfaltung begünstigt. Die Verschiedenheit nationaler Wirtschaftsziele oder Arbeitsrhythmen tut dem Gefüge keinen Eintrag, in dem sie ihr Wesen hat. Die empirische Soziologie der Gegenwart untersucht den Aufbau, die Wandlungen, die Wirkungsweisen dieser Gefüge. Sie hat ihre Vorläufer in den Enqueten und wie diese selbst in den Berichten von Verwaltungsorganen und Reisenden. Sie waren unterschieden von ihr nicht in der Fragestellung, sondern in dem Grad der Differenzierung ihrer Forschungsmethoden. Das politische Handeln bedurfte immer des Wissens von dem, was ist, von dem, was möglich ist, und von dem, was sein soll. Der selbstgenügsame Glaube, man wisse schon, was ist, reicht nicht zu als Voraussetzung für das politische Urteil, und meist wird er durch die Erforschung des Wirklichen widerlegt. Aber nicht umsonst ist die soziologische Fragestellung in derselben historischen Konstellation wichtig geworden wie die ökonomische. Sie entstand aus dem kritischen Bewusstsein gegenüber der Politik der merkantilistischen Epoche, deren theoretische Prinzipien die Wirklichkeit des Daseins nicht mehr zu meistern vermochten. Die Wandlungen der Ordnungssysteme des wirtschaftlichen Lebens des 19. und 20. Jahrhunderts haben Folgen für den Aufbau der Gesellschaft hervorgebracht, die den Zusammenhang zwischen der Wirtschaftsweise, der sozialen Struktur und der Politik der Völker und damit auch zwischen den beiden Disziplinen Politik und Soziologie nachdrücklich unterstrichen haben.

Politik ist also zu verstehen in ihrer Bezogenheit auf die gesellschaftlichen Gefüge. Dennoch sind das Politische und die politischen Institutionen insofern aus dem „Polisganzen" von Gesellschaft und Staat hervorgehoben, als sie um die verantwortliche Entscheidung über das Staatshandeln gravitieren. Meinungen und Verhaltensweisen von Einzelnen und Gruppen können politisch relevant sein, weil.auf sie bei der politischen Entscheidung Rücksicht genommen werden muss. Verwaltungshandlungen und staatliche Organe mögen für die Sphäre der politischen Entscheidung irrelevant sein oder so scheinen, aber alle Handlungen öffentlicher Organe setzen Entscheidungen voraus, von denen her sie legitimiert sind. Im Zentrum des politischen Denkens und Handelns steht also die Herrschaftsordnung, kraft derer verbindliche Entscheidungen über das Ganze eines Gemeinwesens getroffen, mithilfe der Möglichkeit des Zwanges zur Durchführung gebracht und in der Durchführung erhalten werden. Wer entscheidet und wie entschieden wird – diese Frage nach Willensbildung, Willensausübung und Willensfolgen bildet eines der analytischen Zentralprobleme des wissenschaftlichen Denkens über Politik. Die Institutionen des politischen Handelns geben diesen Vorgängen den Charakter geregelter Verhaltensweisen und dem Entscheidungskampf in der inneren Politik eine rechtlich sanktionierte Verfahrensform. Sie verleihen dem Staatshandeln einen Grad von Verlässlichkeit und Kontinuität, der zum Fortgang des Lebens schon als Entlastungsleistung unentbehrlich ist, wenn sie auch selber Wandlungen ihrer Wirkungsweise bei Aufrechterhaltung ihres rechtlichen Rahmens unterworfen bleiben. Die Analyse und Kritik des Vollzugs der politischen Institutionen ist also eine Haupt-Disziplin der Wissenschaft des Politischen. Die öffentlich-rechtliche Institutionenkritik geht vor allem von der Rechtmäßigkeit des Institutionenhandelns aus, die politisch-soziologische unterwirft es eher einer Untersuchung seiner Funktionsgerechtigkeit im Licht des politisch-sozialen Sinnes der Institutionen. Der historisch-soziologische Vergleich der politischen Institutionen ist zur Urteilsbildung unentbehrlich und bringt die Wissenschaftliche Politik, wo sie ihn unternimmt, in die nächste Nähe der im Bereich der rechtswissenschaftlichen Überlieferung ausgebildeten Allgemeinen Staatslehre, deren Titel nicht umsonst einige ältere Autoren den Zusatz gaben „und Politik". Die angelsächsische Wissenschaft von der Politik hat lange Jahrzehnte hindurch die Untersuchung der Wirkungsweise moderner politischer Institutionen, das heißt aber eben der Regierung oder Herrschaft genannten Vorgänge in den Mittelpunkt gestellt. Sie ist dazu übergegangen, eine Verwaltungswissenschaft zu entwickeln, zu der es auch im deutschen Bereich in den Ansätzen Lorenz von Steins und in der neueren Verwaltungsrechtswissenschaft Parallelen gibt. Sie hat besondere Aufmerksamkeit der öffentlichen Meinungsbildung gewidmet, deren Bedeutung umso größer sein muss, je mehr entsprechend der Idee des freiheitlichen Rechtsstaats verantwortliche Beteiligung an der politischen Entscheidung einem Volke zugemutet wird, von dem der Staatswille ausgehen soll. So erscheint denn die innere Politik vor dem wissenschaftlichen Denken als soziale Kräftedynamik, deren tatsächliches Leben erhellt werden soll, weil es für die Entscheidung über die Erhaltung und Umbildung auch von Institutionen eine Voraussetzung bildet. Auch hieran wird deutlich, dass Politik in erster Linie gerichtet ist auf die *res gerendae*, also aus der Sorge um das Künftige auch als wissenschaftliche Bemühung hervorgeht.

Wie sehr die Fragestellung des politischen Denkens auf die Entscheidung für die Zukunft gerichtet ist, wird noch deutlicher an jenem Zweig der politischen Wissenschaft, der sich mit dem auswärtigen Handeln oder, wie es heute treffender zu bezeichnen wäre, der internationalen Politik beschäftigt. Er hat sich nach dem Ersten Weltkrieg zunächst vor allem in den angelsächsischen Ländern ausgebildet und wurde dann rasch von den meisten Staaten der Erde in Forschungsinstituten und Universitäten übernommen. Die Arbeit auf diesem Gebiete will in spezifischem Sinn ein kritisches Vordenken politischer Möglichkeiten des Handelns sein. Sie wird aufgebaut auf der Analyse der internationalen Machtstrukturen der heutigen Welt und ihrer einzelnen weltpolitischen Regionen einerseits und auf der Erforschung der Willensträger der auswärtigen Politik andererseits, das heißt aber der Staaten, einschließlich der inneren Voraussetzungen ihres Handelns, wie sie in ihren geistigen, wirtschaftlichen und sozialen Verhältnissen durch die Struktur ihrer Willensbildungssysteme gegeben sind. Vor der Kritik der internationalen Politik erscheinen die Traditionen außenpolitischen Denkens in ihrer historischen Bewegung und Relativität, die Instrumente des Völkerrechts vor allem in ihrer dynamischen Bedeutung und ihrer Begrenztheit durch den internationalen Machtzusammenhang und den Versuch einer internationalen Organisation des Friedens. Die internationale Politik versucht

Grundbegriffe, die gegeben scheinen, wie etwa die der Souveränität, des Machtgleichgewichts, der Sicherheit, von fassbaren Daten des zeitgenössischen Geschehens her zu beleuchten und, wenn nötig, zu revidieren. Sie berührt sich mit jenem Zweig der Geschichtswissenschaft, der sich mit den zeitlich jüngsten Verläufen befasst und darum Zeitgeschichte genannt worden ist. Trotzdem sind an historischen Vorgängen, wie an der Politik Athens im Zeitalter des Attischen Seebunds oder dem Erlöschen der zwischenstaatlichen Politik im Römischen Imperium, typologische Grundformen abzulesen, die auch für die Gegenwartsaufgabe der internationalen Politik als Wissenschaft von Bedeutung bleiben. Das Zustandekommen der außenpolitischen Entscheidung ist eine Frage, die generell und gegenüber jedem Staatswesen, vor allem aber dem eigenen, für sie wichtig ist. In unserer Epoche globaler Interdependenz des politischen Handelns und gegenseitiger Durchdringung der zwischenstaatlichen Politik mit der Gesellschaftspolitik ist eine weitumfassende Spannweite unseres Horizonts und ein Verständnis der kultursoziologischen Gesamtdynamik der Staaten die Voraussetzung des international-politischen Urteils geworden. Hier stoßen wir auf empfindliche Lücken unseres Wissens, ja sogar unserer Bereitschaft, methodisch zu lernen. Denn eben jene kultursoziologische Dynamik, welche das Handeln der Willensträger der Weltpolitik verständlich macht, lässt sich nur an dem Zusammenwirken der sozialen, wirtschaftlich-technischen und geistig motivierenden Kräfte dieser Völker verstehen und nicht aus der Isolierung einer einzelnen von ihnen. Aber noch immer wird bei uns die Pflege dieser Art der Kulturanalyse fremder Länder vernachlässigt. Insbesondere die neu in die Weltpolitik eintretenden können uns als politische Partner nur dann lebendig werden, wenn wir den Schematismus unserer Begriffe beiseitelassen, wie sie an der heute provinziell gewordenen politischen Geschichte des alten Europa sich gebildet haben, und stattdessen hinter der politischen Weltdynamik die weltkulturelle zu sehen beginnen, welche die politische motiviert und erhellt.

Im Bereich der internationalen Politik sind also Selbstverständnis und Weltverständnis der Willensträger des weltpolitischen Handelns wesentliche Komponenten bei dem Versuch, die Dynamik des Ganzen zu erfassen. Sie sind umso wesentlicher, je mehr im Austrag der weltpolitischen Spannungen neben den wirtschaftlich-sozialen die geistig-kulturellen Momente Gewicht bekommen. Die im engeren Sinne machtstaatlichen Kräfte, wie sie in der Epoche des Bestehens auf nationalstaatlichen Souveränitätsauffassungen vorherrschend sein konnten, bleiben freilich als Organe der internationalen Politik im Hintergrund des politischen Weltgesprächs latent. Die Leistungskonkurrenz der Waffentechnik, das sogenannte nukleare Gleichgewicht und das bei aktuellen und potenziellen Gegnern auf die Dauer sich unvermeidlich geltend machende Interesse an Abrüstung und internationaler Sicherheit fördern die Verschiebung der Schwerpunkte der weltpolitischen Auseinandersetzungen auf die gesellschaftspolitische Ebene und die ihrer Entscheidungen bestimmenden Grundauffassungen. Die Grundkonzeptionen der Weltpolitik bei ihren Willensträgern gehen hervor aus der Art ihres Welt- und Selbstverständnisses, als aufsteigende Nationalität, als gesellschaftspolitisches Imperium mit missionarischer Sendung, als Vorkämpfer der freien Ordnung und ihres menschlichen Sinnes. Zu diesen Weisen des Selbstverständnisses bietet sich ein Zugang in den Religionen und der Philosophie.

Die internationale Sorge um die politische Zukunft bildet an einer politischen Weltsprache. Das propagandistische Moment in ihr liegt freilich wie ein Nebel zwischen den geistig fassbaren Motivationen des Handelns, die aus konstitutiven Voraussetzungen in Denken und Erfahrung hervorgehen. Aber die geisteswissenschaftliche Untersuchung dieser konstitutiven Prinzipien in den drei Umkreisen der Weltpolitik, in der westlichen Welt, den Sowjetsystemen und den sogenannten Entwicklungsländern, bietet Anhaltspunkte genug, um soziologisch ihrer gesellschaftlichen und politischen Relevanz nachzugehen und Hinreichendes über die Vorgänge in Erfahrung zu bringen, die sich auf längere Sicht als die entscheidenden erweisen müssen. Es sind die Konsequenzen, die von dem Zusammenstoß überlieferter und innenpolitisch wirksamer Arten des Selbstverständnisses mit der modernen technologischen Daseinsform in Wirtschaft, Verwaltung und internationalen Beziehungen ausgehen; sie bedeuten eine wesentliche Etappe in dem Zeitalter des Ausgleichs, in dem wir uns befinden.

Wie auf dem Felde der inneren Politik ist die wissenschaftliche Bemühung auch um die internationale Politik genötigt, zurückzukehren zu den aus den religiösen und philosophischen Arten des Selbstverständnisses sich ergebenden Normen, denn an ihnen orientiert sich als an einem letzten Maßstab Denken und Handeln. Erforschung und Verständnis der theoretischen Grundpositionen der Politik, wie sie in den politischen Ideenkreisen der Gegenwart wirksam sind, führt uns zu den Klassikern des politischen Denkens der abendländischen Geistesgeschichte, der außerabendländischen Hochkulturen und schließlich auch zu den religiös begründeten Motivationen des politischen Handelns der sogenannten Primitiven. Aber während für die Politik als Wissenschaft selbst die Einsicht in diese geistigen Motivationen ein Mittel des Verständnisses und vielleicht sogar der Verständigung ist, fördert ihr Studium zugleich die Klärung der eigenen geistigen Voraussetzungen des Handelns und führt damit hinein in den Bereich des eigentlichen Philosophierens. Seine Kühnheit darf sich nicht mehr begnügen mit dem Verständnis, sondern muss streben nach begründeter Gewissheit.

III

Ich habe versucht, die groben Umrisse der wissenschaftlichen Bemühungen zu zeichnen, die aus der zentralen Fragestellung des politischen Denkens hervorgehen. Es hat sich dabei erwiesen, wie bei aller Einheitlichkeit der Gesichtspunkte sich die intensivsten Berührungen mit jenen Bereichen ergeben müssen, in denen die Institutionen des Rechts, die Strukturen und Bewegungen der Wirtschaft und die normativen Voraussetzungen des Verhaltens zum Gegenstand der wissenschaftlichen Besinnung geworden sind. Es hat sich der Funktionszusammenhang des politischen Denkens mit dem soziologischen herausgestellt, und unsere Aufmerksamkeit musste sich zuweilen den Lücken, den unerforschten Zonen unseres Wissens zuwenden. Die Rechtfertigung der Politik als Wissenschaft liegt in ihrer Konzentration auf die *res gerendae*. Mit der Universalgeschichte ist ihr gemeinsam die Weite des Horizonts, der ihr insbesondere dort auferlegt wird, wo es sich um die internationale Politik der Gegenwart handelt. Wie in der Geschichtswissenschaft wird ihr der einzelne Fall erst dann deutlich, wenn er gleichsam umstellt ist von der Präsenz der möglichen Fragen, die zu seiner Erhellung zu stellen sind. Darum hat die Historik Droysens, die das bei der historischen Forschung zu Bedenkende im Daseinszusammenhang herauszustellen suchte, auch für sie als Fragehorizont bleibende Tragweite.

Die soziologisch-politische Forschung widmet sich der vergleichenden Typologie der sozialen Gefüge überhaupt, oder sie geht einzelnen von ihnen im Gesamtzusammenhang der Gegenwart oder der Vergangenheit nach, oder aber sie untersucht die Konstellation der Entscheidungsmomente des gesellschaftlich-politischen Verlaufs eben mit der Absicht, die Sphäre der Wahlfreiheit, die der Entscheidung offensteht, unterscheiden zu lernen von den determinierenden Faktoren, die sie jenseits des menschlichen Einflusses bestimmen.

Indem sie die Wirkungszusammenhänge der einzelnen gesellschaftlich-politischen Kräfte aufsucht, ist sie darauf verwiesen, das Ganze der möglichen Wirkungsfaktoren heuristisch im Blick zu behalten. Eben dies hat Droysen für die Arbeit der Historiker gezeigt. Die soziologisch-politische Wissenschaft bedarf also der Fähigkeit des Zusammensehens. Ihre Spezialisierung vollzieht sich in der Arbeit an einem ihrer Fragestellung entsprechenden Verfahren der Synopsis, welches Einzelanalyse und Synthese in ein eigenes Gleichgewichtsverhältnis bringt. Aber da sie auf die *res gerendae* gerichtet ist, geraten vor ihrem Blick die *res gestae*, das heißt aber die geschichtlichen Vorgänge als solche, gleichsam in einen anderen Aggregatzustand. Ihr Versuch, der Staatskunst selbst durch Vordenken zu dienen, besteht eben in dieser Synopsis der möglichen Wirkungsfaktoren, welche in einer Konstellation potenziell zum Tragen kommen, die politische Entscheidung verlangt. Diese Synopsis bis zu einem optimalen Grade konstellationsgerechter Einsicht vorwärtszutreiben, ist ihre Aufgabe. Die gesellschaftliche Leistungsmöglichkeit der Politik als Wissenschaft besteht in eben diesem Bestreben, von der Einzelanalyse der gesellschaftlich-politischen Wirkungsfaktoren, von Wirtschaftsstruktur und Sozialaufbau, Technik und Willensbildungssystem und von den Grundintentionen des normativen Daseinsverständnisses aus zu ihrer Synopsis aufzusteigen. Bei dieser Synopsis handelt es sich nicht allein darum, alle Wirkungsfaktoren der Konstellation zu berücksichtigen, sondern die Proportionen adäquat zu erkennen, in denen sie wirksam werden. In dem Maße, in dem dies möglich wird, schließen sich auch die Voraussetzungen zu ergänzendem Einwirken der Einsicht auf.

Mit dem Versuch, Sinn und Funktion der politischen Institutionen im Kräftezusammenhang der Gesellschaft zu klären, beabsichtigt die Wissenschaftliche Politik, die Urteilsfähigkeit des *civis*, des Staatsbürgers, in ihrer Entfaltung zu stützen. Ihre Kritik der Institutionen gilt zunächst der Frage nach dem institutionsgerechten Vollzug ihres Sinnes, dann der weiteren nach ihren Leistungen angesichts der sich wandelnden gesellschaftlichen Strukturen und politischen Konstellationen. Auch gegenüber dem Recht ist ihre Aufmerksamkeit eher auf die *lex ferenda* als auf die *lex lata* gerichtet. An der Analyse der wirtschaftlichen Dynamik und ihren theoretischen Voraussetzungen nimmt sie das höchste Interesse. Aber ihre stärkste Berührung mit der Wirtschaftswissenschaft erfolgt dort, wo die politische Einwirkung auf Wirtschaft und Gesellschaft zur Rede steht. Vor allem erfordern solche Konstellationen ihre Analyse, in denen das wirtschaftspolitische Handeln nicht etwa von ökonomischen Kriterien allein zu bestimmen ist, sondern im Gegenteil außerökonomische Interessen partikularer Machtgruppen oder international-politische Erwägungen mitwirken. Der Vergleich der heutigen Kultursysteme der Welt und ihres Verhältnisses zu Staat und Gesellschaft bringt die Wissenschaftliche Politik in die Nähe der Erziehungswissenschaft. In der weltkulturellen Lage der Gegenwart muss es sich darum handeln, den künftigen Leistungen des Erziehungswesens vorauszudenken aus der Einsicht in die voraussehbaren Zusammenhänge von Erziehung und geistig-technischer Leistung in der weltpolitischen Dynamik.

Aus dem Wandel der geschichtlichen Stellung der Politik im Reiche des Wissens eröffnet sich uns ein Einblick in die historische Kontinuität ihrer Fragestellung und ebenso in die Besonderheiten der Aufgaben, vor die wir jeweils in der geistesgeschichtlich-politischen Gesamtlage gestellt worden sind. Die Geschichte der Politik als Wissenschaft wird, in dieser Weise verstanden, zu einem Spiegel sowohl des weltgeschichtlichen Prozesses wie der bleibenden Eigenschaft des Menschen, zugleich Geistwesen, Kulturwesen und Gemeinschaftswesen, *animal rationale et sociale*, zu sein. Die Gemeinschaft, in der allein er sein Dasein führen kann, als Kosmos zu ordnen, ist ihm aufgegeben, sofern er nur das eigene Leben bejaht. Diese dem Denken wie dem Handeln gestellte Aufgabe der Ordnung hat zum Hauptinhalt die Entscheidung über die konstruktiv wie destruktiv mögliche Gestaltung der Verhältnisse zwischen Menschen, Gruppen und Völkern. Grundsätzlich ist diese Aufgabe sowohl politischen wie erzieherischen Charakters und in beiden, einander durchdringenden Bereichen, geht es letzten Endes um die Kunst, zwischen Weisheit, Einsicht und Leidenschaft des Daseinswillens das optimale Gleichgewicht zu finden und zu erhalten. Zur geistig vorbereitenden Mitwirkung an dieser dem Menschen „aufgegebenen" Bestimmung ist Politik als Wissenschaft berufen.

Ihr auf die *res gerendae* gerichtetes Fragen gibt ihrer Arbeit, sei sie philosophischer oder beobachtender empirischer Art, sei sie am Grundsätzlichen und Allgemeinen oder am Besonderen des Einzelfalles vornehmlich interessiert, den spezifischen Charakter. Auch das vitale Motiv ihrer wissenschaftlichen Leidenschaft ist dem der Zeitgeschichte verwandt, die auf die jüngst noch miterlebten *res gestae* gerichtet ist. Für beide Disziplinen bildet jene imaginäre Zone zwischen Vergangenheit und Zukunft, die wir Gegenwart nennen, bildet die Frage nach dem „Ort", an dem der geschichtliche Fluss „angelangt ist", einen wesentlichen Ausgangspunkt der Forschung und Besinnung. Die Geschichte fragt, wie es dahin gekommen ist, wo wir „stehen", die Politik, inwiefern der „Ort" der Geschichte, die Konstellation der Gegenwart, bedingenden Charakter habe für die Zukunft. Die Sache der Politik als Wissenschaft ist freilich nicht der großartig-monumentale Blick auf den universalen Gang der Geschichte, wie ihn Jakob Burckhardt ersehnte, getragen von dem Wunsch, „dem Geist der Menschheit erkennend nachzugehen, der über den geschichtlichen Erscheinungen schwebend und doch mit allen verflochten, sich eine neue Wohnung baut". Politik als Wissenschaft ist ein Versuch, die Unbestechlichkeit der wissenschaftlichen Bemühung in den Dienst der Vorbereitung des politischen Urteilens und Handelns zu stellen. Er geschieht im klaren Bewusstsein von der Begrenztheit der wissenschaftlichen Leistung wie von der schöpferischen Art des im eigentlichen Sinne staatsmännischen Handelns und schließlich auch von dem unvorhersehbaren und im Letzten unauslotbaren Charakter des Geschicks.

Erziehung zum Weltbürger

Arnold Bergstraesser (1959)[1]

Das national bestimmte Daseinsbild sollte im Unterricht nicht länger aufrechterhalten werden

Die europäischen Nationalstaaten haben von den modernen Verflechtungen der Stellung Europas in der Welt zwischen 1919 und 1959 in ihren Erziehungsprogrammen noch keinerlei Kenntnis genommen. Das gilt nicht so sehr für Frankreich und England, aber ganz gewiss für Deutschland. In England hat man durch die Ausbreitung der englischen Kultur im Commonwealth, in Frankreich durch die Union Française vielleicht eine größere Weite des weltpolitischen und weltkulturellen Horizontes erworben. Das deutsche Erziehungssystem indessen ist im Grunde in seinen Grundzügen noch dort, wo es vor 40 Jahren war: Es ist national-kulturell und nicht europäisch konzipiert. Es hat zwar in den letzten zehn Jahren eine ganze Reihe europäischer Gesichtspunkte in sich aufgenommen, seine Grundabsichten aber nicht geändert, und ich glaube, dass ein solches Erziehungssystem den Anforderungen der heutigen Welt nicht mehr gerecht wird.

Jedenfalls hat das national-kulturell konzipierte Erziehungswesen in Deutschland zwar gewisse realistische Anforderungen erfüllt und befriedigt, aber es nimmt Rücksicht weder auf die technologischen noch auf die weltpolitischen Veränderungen des modernen Daseins. Es ist also unser Schulsystem von der Welt des 20. Jahrhunderts im Wesentlichen noch unberührt. Es lebt gewissermaßen auf einer Insel, und diese Insel wird dadurch nicht besser, dass sie von einer sehr gut gemeinten, aber doch in vieler Hinsicht auch unwirklichen Pädagogik beherrscht wird.

Was sind denn nun diese Veränderungen? Die technisch-rationalen Formen der industriewirtschaftlichen Gesellschaft, mit der ihr entsprechenden öffentlichen Verwaltung haben begonnen, sich auf sämtliche Länder der

---

[1] Zuerst publiziert in: *Stuttgarter Zeitung* vom 1. Juli 1959, S. 3.

Erde zu übertragen. Zwischen allen diesen Ländern ist ein universaler Zusammenhang entstanden. Vielleicht sind wir in einem geteilten Deutschland zwischen Ost und West für diese Universalität des politischen Weltzusammenhangs besonders empfindlich geworden. Dieser ist von einer durchaus anderen Art, als die Politik zwischen den Staaten noch vor 40 Jahren war. Seit der russischen Revolution von 1917 haben sich die politischen Beziehungen zwischen den Staaten aufs engste mit der Politik und der Theorie der gesellschaftlichen Ordnung verflochten, und eben diese Verflechtung ist es, die den ideologischen und den praktischen Inhalt der Weltspannung heute ausmacht.

So hat sich also die Problematik der Welt erweitert und damit müsste sich auch die Erziehung erweitern. Einerseits müsste es leichter sein, das Gesamtbild einer anderen Nationalkultur zu vermitteln, weil Gegensätze aus dem Zeitalter des vorherrschenden nationalstaatlichen Denkens heute an Gewicht verloren haben.

Andererseits ist es umso wichtiger geworden, an einem fremden Land und seiner Kultur die Analyse des Fremden überhaupt zu entwickeln und zu erproben und das Ergebnis in ein Gesamtbild der Weltpolitik und der Weltkultur der Gegenwart einzuordnen. Wer hat denn heute ein solches Gesamtbild? Europa hat zweifellos seine beherrschende Stellung verloren, aber es darf nicht übersehen werden, dass zugleich mit den technologisch-rationalen Verfahren von Denken, Produktion und Verwaltung, die in Europa entwickelt worden sind, auch kulturelle Gehalte der europäischen Überlieferung für diese moderne Welt an Bedeutung gewinnen. Man kann also als Europäer, wenn man der gegenwärtigen Situation gerecht werden will, nicht mehr national-kulturell erziehen. Man kann auch nicht mehr ein europazentrisch bestimmtes Daseinsbild in Unterricht und Erziehung aufrechterhalten. Man muss an die Welt denken. Aber während man europäische Überlieferung und europäische Ansprüche an geistige Leistung in den Welthorizont hineinstellt, braucht man an dieser Leistung nicht zu verzweifeln. Sie hat eine umso größere Zukunft, je weniger sie sich ausschließlich auf das Technische konzentriert.

Wie hat sich in Deutschland die Beschäftigung mit fremden Ländern entwickelt? Am Ende des Ersten Weltkrieges handelte es sich bei uns vorwiegend um die Beseitigung nationaler Vorurteile. Die Arbeit wurde ein zweites Mal nötig, als eben diese nationalen Vorurteile durch den Nationalsozialismus wiederbelebt worden waren. Ihre Überwindung wird immer wieder einmal notwendig sein. Sie bildet einen Teil der Auseinandersetzung mit dem Provinzialismus und dem Eintreten für jene Grundlagen der Erziehung, die man als die schlechthin menschliche bezeichnen muss und denen in der gegenwärtigen Weltsituation eine besondere Bedeutung kommt.

Im Verlauf dieser Auseinandersetzung mit dem Provinzialismus hat man klar erkannt, dass die pädagogisch entscheidende Wirkung der Begegnung mit anderen Kulturen durch das Eindringen in die geistige Welt der Sprache und der Literatur eines fremden Landes geschieht. Hier wird sowohl die Verschiedenheit der Denkweise und der Daseinserfahrung offenbar wie auch die menschliche Gemeinsamkeit. Eine solche geistige Begegnung mit Dokumenten einer fremden Literatur wirkt aber auch zurück auf die Sicherheit in der eigenen Sprache wie auf die Selbstkritik dem eigenen Denken gegenüber. Vor allem aber verhilft sie zur gegenseitigen Achtung, die ja mehr ist als nur ein Verstehen, nämlich etwas Produktives. Es verändert das Verhältnis zur Welt, wenn man vor Leistungen und Denkformen nicht nur anderer Nationen, sondern auch anderer Menschen Achtung zu haben lernt.

Dieser Unterricht, der die Begegnung mit fremden Literaturen zum Gegenstand hat, könnte sich anschließen an den Sprach- und Literaturunterricht, der von den national-kulturellen Erziehungsgrundsätzen ausging, auf denen unser Erziehungssystem beruht. Es hat sich aber gezeigt, dass auf diese Weise das Kulturbild eines fremden Landes noch nicht entsteht: Vielmehr verlangt die Entstehung eines solchen Kulturbildes die Fähigkeit – und zwar die ausgebildete und methodisch gesicherte Fähigkeit – kultureller Daseinsanalyse. Man hat bei uns in den zwanziger Jahren eine Reihe solcher Versuche gemacht. Sie haben qualitativ einen verschiedenen Erfolg gehabt. Es gab eine Reihe von „Auslandskunden", darunter einzelne vorzügliche Stücke, aber auch andere, die über das Tadelnswerte eigentlich nicht hinauskamen.

Nach dem Zweiten Weltkrieg hat man damit begonnen, die Verschiedenheiten oder gar Gegensätzlichkeiten des Geschichtsbildes verschiedener Länder auszugleichen. Man hat den Versuch gemacht, die nationalen Geschichtsbilder miteinander in Einklang zu bringen. Das Urteil darüber wird davon abhängen, in welchem Maße man sich gegenseitige Konzessionen gemacht oder aber, ob man Ansätze eines gemeinsamen Geschichtsbildes gefunden hat. Es liegt etwas außerordentlich Verlockendes darin, Geschichte neu zu schreiben, weil man sie unter anderen Fragestellungen sieht, denn der internationale, bilaterale oder multilaterale Vergleich der Geschichtsbilder ist ja selbst schon ein Akt der Erweiterung des Horizontes, vor dem sich das Selbstverständnis aufbaut. Denn nur dann, wenn über die Gegensätze der Nationen hinaus nicht nur die Gemeinsamkeiten der europäisch-abendländischen Welt herauskommen, sondern auch das, was an neuen Spannungen aus ihr hervorgegangen ist, können wir ein gemeinsames Geschichtsbild der Gegenwart erwarten. Das heißt, wir können von der Geschichtswissenschaft eine Belehrung über unsere eigene Lage nur erwarten, wenn wir die verschiedene Haltung der freiheitlichen Rechtsstaaten auf der einen Seite, der Sowjetsysteme auf der anderen Seite historisch entwickeln, wenn wir die verschiedenen Konsequenzen erklären, die auf der einen und der anderen Seite zur geschichtlichen Überlieferung geworden sind, und schließlich sogar nur dann, wenn wir auch das Geschichtsbild der Entwicklungsländer, sowohl das Geschichtsbild, das wir von ihnen haben, wie das, was sie von sich selbst und dem europäischen Abendland haben, ins Auge fassen. Wenn das aber notwendig ist, um die historische Stunde, in der wir uns befinden, geistig zu bewältigen, werden wir hin gedrängt auf eine Gesamtauffassung der menschlichen Geschichte überhaupt.

Von unserer Zeit an wird sich nur Geschichte der Menschheit abspielen. Es ist die Stunde gekommen, Geschichte der Menschheit zu lehren, und zwar wesentlich als Kulturgeschichte. Die damit gegebene unabweisbare Forderung gilt dem Forscher so gut wie dem Entwerfer der Lehrpläne und dem Erzieher. Eine solche kulturhistorische oder kultursoziologische Interpretation der Menschheitsgeschichte wäre in einem zukünftigen Erziehungsprogramm das eigentlich historische Erziehungsziel.

Wenn wir uns den jungen Menschen von einem solchen historischen Horizont des Erwachsenen denken, dann würde hier ein modernes Weltbild entstehen, in dem die große Literatur des eigenen, wie fremder Länder eine auf dieses Ganze bezogene Stellung von vornherein einnimmt, und zugleich würde die Grundlage entstehen für einen modernes politisches Weltbild. Welche Disziplinen sind für eine solche erzieherische Leistung unerlässlich? Eine dieser Disziplinen ist die Kulturmorphologie oder Kultursoziologie, weil nur diese Betrachtung der Kultur das vermittelt, was notwendig ist, nämlich das Zusammensehen des Ganzen. Das zweite ist jene Art Geografie, die in den letzten Jahrzehnten zugunsten der physikalischen Geografie vernachlässigt worden ist, nämlich die Kulturgeografie. Sie ist am besten geeignet, den notwendigen Gesamtüberblick zu vermitteln, vor allen Dingen, wenn sie auf der Grundlage eines ausreichenden Verständnisses für die Zusammenhänge des Wirtschaftslebens mit der Kulturgesamtheit aufgebaut ist. Schließlich gehört zu diesen Disziplinen, von denen wir ausgehen können, auch die Geschichtswissenschaft, sofern sie als Menschheits- und Weltgeschichte aufgefasst ist. Ich glaube nicht, dass man, um universalhistorisch denken zu können, ein universalhistorisches Totalwissen haben muss. Man kann französische, griechische, deutsche, ja bayerische Geschichte in universalhistorischer Gesinnung vortragen, wie es der Humanist Aventinus tat, der seine bayerische Geschichte mit dem Sündenfall begann, nicht weil Adam und Eva Bayern gewesen wären, sondern weil sie auch Menschen waren.

Alle diese Disziplinen sind aber als solche noch nicht die Brücke zur Erziehung zum politischen Urteil. Ein solcher politischer Unterricht müsste seinen Anfang mit der Fähigkeit nehmen, die Grundstrukturen der modernen Gesellschafts- und Wirtschaftsordnung zu durchdringen. Er müsste sie als den eigentlichen Gegenstand des politischen Handelns darstellen und würde von dort aus zu den Herrschaftssystemen, also der Darstellung der politischen Organe der Willensbildung und Willensdurchführung hinführen. Damit würde er eintreten in den Bereich der Innenpolitik und der vergleichenden Verfassungslehre. Ein solcher Versuch wird in den Schulen Baden-Württembergs gemacht. Es wäre dann aufzubauen eine Analyse der Grundfaktoren der internationalen Politik der Gegenwart und der Unterricht wäre abzuschließen durch eine Einführung in die Grundgedanken der politischen Theorie. Hier mündet er wieder in einen Bereich, der dem der Literatur außerordentlich nahesteht. Denn in erster Linie müsste doch immer – und nicht nur, weil wir selbst Abendländer sind – von den Klassikern der abendländischen Staatsphilosophie ausgegangen werden. Aber diese abendländische Überlieferung des politischen Denkens bedarf der Ergänzung durch die politischen Ideen Ostasiens, Südasien und des Islams. Denn wir leben nun einmal in einer Begegnung der großen Weltkulturen mit der einen technisch-rationalen Daseinsform, die aus dem alten Europa und aus Amerika stammt. Und um dieser historischen Situation, die sowohl einmalig wie unwiderruflich ist, gerecht zu werden, muss die geistige Welt unserer Länder diese Situation erkennen und produktiv beantworten.

Das Entscheidende bei all dem ist wohl die Ausbildung der Lehrer. Dabei wird nun allerdings ganz klar, dass man, ohne besondere Vorsorge zu treffen, Unmögliches verlangt. Sie können zu ihrem bisherigen Lehrwissen nicht noch sozialwissenschaftliche, politische, welthistorische Dinge hinzulernen. Solange es von der notwendigen Kombination sozialwissenschaftlicher und geisteswissenschaftlicher Methoden bei dem Aufbau von Auslandsbildern noch keine hinreichenden Erfahrungen gibt, können Lehrer in der Schule diese Fragen nicht allein lösen. Ich würde dazu raten, die Aufgaben der Vorbereitung und schulgerechten Gestaltung des Lehrwissens durchaus getrennt zu halten von der Gestaltung der Lehrpläne und der weiteren Frage des adäquaten pädagogischen Verfahrens. Aber darüber sollten wir uns klar sein: Um einen zutreffenden Einblick in die wirkliche Daseinsstruktur eines fremden Landes zu vermitteln, ist es unentbehrlich, gewisse Grundbegriffe und gewisse faktische Kenntnisse des Aufbaus von Wirtschaft, Gesellschaft und Politik generell zu besitzen und in Bezug auf mindestens zwei Länder anwenden zu können, nämlich auf ein eigenes Land und auf ein fremdes, das man als Exempel betrachtet. Da aber eine solche Analyse niemals ausreichend sein kann, wenn sie beim bloß sozialwissenschaftlichen Einblick bleibt, da es sich bei der Begegnung von Kulturen um ein geistig bestimmtes Daseinsverhalten handelt, ist die Einsicht in Gehalt und Wirksamkeit der geistigen Welt des anderen Landes und damit auch des eigenen ebenso unentbehrlich wie die sozialwissenschaftlich begründete Analyse in der Praxis der verschiedenen Schulstufen, und in den verschiedenen Schularten wird man Lehrpläne und Verfahren verschieden handhaben, und darum muss man ihre endgültige Gestaltung der Erfahrung des Lehrers überlassen. Für die Gesamtaufgabe aber ist die Ausweitung des Geschichtsstudiums und der historischen Forschung, die Wiederbelebung der kulturgeografischen Zweige der Geografie, die Ergänzung beider Disziplinen durch ökonomisch-soziologische und zugleich politische Analysen ebenso unerlässlich wie die stärkere Hinführung der Literatur und der literarischen Interpretation in den gesellschaftlich-geschichtlichen Daseinszusammenhang, aus dem sie kommt. Wenn der exemplarische Charakter eines so entwickelten Auslandsbildes deutlich bleibt, wenn dieses Bild eines fremden Landes eingefügt wird in den Gegenwartszusammenhang der weltpolitischen und weltkulturellen Lage des modernen Menschen, dann kann eine wesentliche erzieherische Wirkung nicht ausbleiben. Sie wird darin bestehen, dass sich der Horizont erweitert und dass der moderne Mensch fruchtbar an die Zukunft denken lernt.

Arnold Bergstraesser und die deutsche Politikwissenschaft

Ernst Fraenkel (1965)[1]

Wenn im Einklang mit alter akademischer Sitte die Fakultäten, denen Arnold Bergstraesser angehört hat, einen auswärtigen Fachkollegen des Verstorbenen eingeladen haben, in einer akademischen Feierstunde einige Worte zu seinem Gedenken zu sagen, kann es sich nicht darum handeln, den äußeren Lebensgang des großen Toten zu schildern oder dessen Gesamtbedeutung für das öffentliche Leben und insbesondere für die Kultur und die Bildung des gegenwärtigen Deutschland aufzuzeigen. Die Persönlichkeit Arnold Bergstraessers war so reich, seine Begabung so vielseitig, sein Interessengebiet so weit und seine Betätigung so mannigfaltig, dass es schwerlich möglich ist, in einer kurzen Stunde der Besinnung ein geschlossenes Bild von der Rolle aufzuzeichnen, die dieser universal gebildete und vital tätige Mann innerhalb und außerhalb der Universität gespielt hat, und gleichzeitig darzutun, welchen Beitrag er zu der Entwicklung der Wissenschaft geleistet hat, die er im letzten Jahrzehnt seines Lebens in Freiburg gelehrt und für die er seit Jahrzehnten gelebt hat: für die Wissenschaft von der Politik.

Arnold Bergstraesser war ein Professor der Wissenschaft von der Politik, – er hat sich zur politischen Wissenschaft bekannt, lange bevor er mit der Wahrnehmung eines politikwissenschaftlichen Lehrstuhls betraut worden war. Er hat an einer deutschen Universität Politikwissenschaft bereits zu einer Zeit betrieben, in der Politik als wissenschaftliche Disziplin an deutschen Universitäten noch keine Heimstätte besessen hat. Als er vor einem Jahrzehnt auf einen der ersten deutschen politikwissenschaftlichen Lehrstühle berufen wurde, hat er sich mit seinem ganzen Temperament dagegen gewandt, dass dieses angeblich neue Fach aus Opportunitätserwägungen lediglich mehr oder weniger wohlwollend geduldet werde und auch ihm in einem

---

[1] Zuerst publiziert in: D. Oberndörfer (1965) (Hg.), *Arnold Bergstraessser. Weltpolitik als Wissenschaft* (S. 252–260). Freiburg im Breisgau.

akademischen Haus mit so vielen Wohnungen ein Unterschlupf oder bestenfalls ein Notquartier zugewiesen werde. Es war ihm nicht nur eine Selbstverständlichkeit, dass der Politik als Wissenschaft der Rang einer allen anderen Fächern ebenbürtigen Fachdisziplin zuerkannt werde; er strebte auch danach, ihr bei der Wiedererweckung eines echten *studium generale* im Gesamtgefüge einer *universitas literarum*, deren Fehlen er beklagte und deren Schaffung er ersehnte, eine zusätzliche Aufgabe zu stellen. Die Politikwissenschaft sollte nicht nur für die Fachausbildung der Politologen und die politische Allgemeinbildung aller *cives academici* verantwortlich sein; ihr sollte es darüber hinaus obliegen, eine wissenschaftlich geschulte verantwortungsbewusste Elite von Staatsbürgern heranzubilden, zu der jedermann der Zutritt offensteht, der sich zu der Staatsbürgerpflicht bekennt, daran mitzuwirken, dass die schwerst zu begreifende und schwerst zu handhabende aller Staatsformen: die autonom-pluralistisch-sozial-rechtsstaatliche Repräsentativdemokratie, tunlichst reibungslos funktioniert. Arnold Bergstraesser wurde nicht müde zu betonen, dass eine jede *universitas literarum* unvollkommen ist, die die Möglichkeit von Politik als Wissenschaft verneint – und dies um so mehr, als er das kennzeichnende Merkmal der politischen Wissenschaft in einer ihrer immanent universalen Tendenz erblickte. Mit wahrer Leidenschaft hat er das von keiner Sachkenntnis getrübte subalterne Argument bekämpft, dass die Pflege der Politikwissenschaft an akademischen Lehrstätten notwendigerweise zu einer Politisierung der Wissenschaft führen müsse; vielmehr hat er gerade umgekehrt auf die Gefahren hingewiesen, denen sich im Zeitalter des totalen Krieges und der totalitären Diktatur die Wissenschaft aussetzt, wenn sie sich einem Aufgabenkreis versagen und von einem Lebensbereich künstlich absentieren wollte, deren fehlerhafte Regelung zu einer Auslöschung unserer physischen Existenz und deren richtige Regelung zur Vervollkommnung unserer moralischen Existenz zu führen geeignet ist. In der Zusammenführung, in dem Zusammendenken von Wissenschaft und Politik hat Arnold Bergstraesser seinen wissenschaftlichen und seinen politischen Beruf erblickt. Glaubt er doch, dass eine Trennung von Politik und Wissenschaft notwendigerweise dazu führen müsse, dass eine Politik, die sich ihres eigenen Sinns nicht mehr bewusst ist, zur Sinnlosigkeit der Machtausübung verurteilt ist, und dass eine Wissenschaft, die sich ihrer politischen Verantwortung nicht mehr bewusst ist, Gefahr läuft, zur ohnmächtigen Magd einer allmächtigen und daher verantwortungsvollen Politik zu werden. Arnold Bergstraesser ist ein Mann mit einem höchst entwickelten politischen Eros gewesen, das von einer aus der politischen Ratio abgeleiteten politischen Ethik maßgeblich geformt worden ist. Er hat in seinem Leben, Denken und Wirken wie kein anderer seiner deutschen Zeitgenossen die Symbiose von Wissenschaft und Politik angestrebt und – das soll an diesem 14. Juli 1964 laut und vernehmlich angesprochen werden – uns allen beispielhaft vorgelebt.

Am heutigen Tag wäre Arnold Bergstraesser 68 Jahre geworden. Heute vor einem halben Jahrhundert – in dem schicksalsschweren Juli 1914 wurde der Gymnasiast achtzehn Jahre alt. Arnold Bergstraesser zählt zu einem Jahrgang, dessen Angehörige in der entscheidenden Phase ihrer Entwicklung, in einem Alter, in dem die Weichen für das künftige Leben gestellt werden, durch eine politische Katastrophe aus der Bahn geworfen wurden. Seine Altersgenossen haben – von Ausnahmen abgesehen – den inneren Schock niemals ganz überwunden, den sie als halbe Kinder durch das Kriegserlebnis erlitten haben. Der Frontsoldat Bergstraesser hat sich nicht dazu verleiten lassen, das Fronterlebnis zu romantisieren oder es zu verdrängen. Er hat versucht, es zu verstehen und politisch zu deuten. Am Ausgangspunkt von Bergstraessers wissenschaftlichem Bemühen um das Verstehen politischer Phänomene steht die Beschäftigung mit Problemen der auswärtigen Politik – wie denn die Sonderstellung, die er im Bereich der deutschen Politikwissenschaft eingenommen hat, dadurch gekennzeichnet ist, dass er sich nicht wie die Mehrzahl seiner Fachkollegen auf das Gebiet der Innenpolitik oder Außenpolitik oder der politischen Theorie beschränkte, sondern Zeit seines akademischen Lebens mit gleicher Intensität Innen-, Außenpolitik und politische Theorie betrieben hat. Er war der einzige – und wie ich hoffen möchte – nicht der letzte deutsche Politikwissenschaftler, der die ausreichende universale Bildung besessen hat, um die vier Gebiete der Politik zu beherrschen, die er in seinem Aufsatz über *Grundbegriffe der Politik* als Einblick in die soziologischen Voraussetzungen der Politik, als den Aufbau der Willensbildung und Willensdurchsetzung im Staate, als die internationale Politik und schließlich als die Lehre von den letzten Motivationen des politischen Handelns, das heißt aber die Staats- und Sozialphilosophie bezeichnet hat.

Bergstraessers erste größere politikwissenschaftliche Arbeit trägt den Titel *Sinn und Grenzen der Verständigung zwischen Nationen*. Sie ist im Jahre 1930 erschienen und steht unter dem Zeichen der Locarnopolitik, die sich damals in dem Anfangsstadium einer Krise befand, die sich als tödlich erweisen sollte. Durch Abfassung dieser Studie setzt sich – wie es in dem Vorwort heißt – der Verfasser primär die Aufgabe, den Angehörigen seiner Generation die Voraussetzungen zur verantwortungsbewussten Stellungnahme aufzuzeigen.

Durch Verwendung wissenschaftlicher Methoden sollte ihnen ermöglicht werden, durch Anschauung des tatsächlichen Ablaufs politischer Vorgänge von der Verschwommenheit schlagworthafter Vorstellungen loszukommen. In dem Bild des Politikwissenschaftlers Bergstraesser lassen sich von Anbeginn an die Züge des Forschers und des Lehrers, des Realisten und des Moralisten nicht trennen. Irgendwie war dieser in der Soziologie des XX. Jahrhunderts geschulte Sozialphilosoph und Sozialwissenschaftler doch entscheidend durch das Erbe des XVIII. Jahrhunderts geprägt, und niemals hat er sich durch wissens-soziologische Spekulationen dazu verleiten lassen, die Denkmöglichkeit und Denknotwendigkeit eines *bonum commune* in Abrede zu stellen. Politikwissenschaft muss sich, will sie ihrer Aufgabe gerecht werden, nicht nur damit beschäftigen aufzufinden, was politisch vorgegeben ist, und aufzudecken, was politisch möglich ist, sondern auch aufzuzeigen, was politisch geboten ist, das heißt aber, was politisch sein soll. Aus der Schule Alfred Webers hervorgegangen, hat Bergstraesser sich bis zum Ende mit berechtigtem Stolz *auch* als Soziologe betrachtet und betätigt. Trotz aller Verehrung für die Brüder Weber hat er jedoch Max Webers Theorem der Wertfreiheit der Sozialwissenschaften nicht übernommen. Er hat mit Nachdruck die Ansicht vertreten, dass ohne maßgebliche Berücksichtigung des normativen Elements Politik als Wissenschaft nicht sinnvoll betrieben werden könne. Hieraus ergibt sich die Einsicht in die Eigenständigkeit der Wissenschaft von der Politik. Bergstraesser hat gleichzeitig die Zuständigkeit der Soziologie, die empirischen Grundlagen politischer Entscheidungen zu erforschen, bejaht und den Anspruch des Soziologismus, die wissenschaftliche Beschäftigung mit dem Phänomen „Politik" und insbesondere mit der politischen Entscheidung bei sich zu monopolisieren, abgelehnt.

Bergstraessers Frühschrift über *Sinn und Grenzen der Verständigung zwischen Nationen* ist als Anleitung zur verantwortlichen politischen Entscheidung konzipiert. Mögen auch manche politischen Akzente in dieser Schrift anders gesetzt sein, als dies dem Denken Bergstraessers in seinen späteren Jahren entsprach, so ist die Studie für das Verständnis seiner Methode auch heute noch bedeutsam. Versucht der Verfasser doch durch begriffliche Klarstellung dessen, was unter „Verständigung" als neuer Form zwischenstaatlicher Politik zu verstehen ist, den Weg für das Verständnis der Frage zu ebnen, welche Chancen für den Versuch bestanden und welche Grenzen dem Bemühen gesetzt waren, durch wirtschaftliche Zusammenarbeit und durch kulturelle Begegnung im Zeitalter der nationalen Machtstaaten eine Verständigung zwischen Deutschland und Frankreich über alle diejenigen Probleme zu erreichen, in denen nicht politisch entgegengesetzte Willensrichtungen aufeinanderstießen. Denn Verständigung kann nicht als eine vage Formel begriffen, sondern lediglich als ein politisches Postulat verstanden werden, einen Ausgleich über solche politischen Kontroversen zustande zu bringen, in denen ein Vergleich erzielt werden kann. Verständigung, die nicht an dem ausgerichtet ist, was politisch realisierbar ist, verschüttet die Chance, sich über das Minimum dessen zu verständigen, was durch eine Politik des *do ut des* geregelt werden kann. In Zeiten der angestrebten Entspannung zwischen Ost und West dürfte Bergstraessers Jugendschrift eine neue aktuelle Bedeutung gewonnen haben. Wer heutzutage befürwortet, internationale Verständigung mittels totaler Abrüstungsgespräche zu fördern, ist entweder ein warmherziger Märchenprinz oder ein eiskalter Krieger.

Bergstraessers Studie über *Sinn und Grenzen der Verständigung zwischen Nationen* stellt gleichsam die praktisch-politische Nutzanwendung der umfangreichen politikwissenschaftlichen Arbeit dar, die Bergstraesser ebenfalls im Jahre 1930 veröffentlicht hat: den zweiten Band des großen Frankreichbuches, dessen ersten Band niemand Geringeres als Ernst Robert Curtius verfasst hatte. Curtius hat über die französische Kultur, Bergstraesser über Staat und Wirtschaft Frankreichs gehandelt.

Ähnlich wie in dem kürzlich zuvor erschienen Englandbuch von Dibelius wird in dem Curtius-Bergstraesser-Frankreichbuch der großangelegte Versuch einer kulturphilosophischen und kultursoziologisch ausgerichteten Landeskunde unternommen – ein Appell an die Gebildeten der Nation, die Sozialstruktur und den geistigen Habitus der Völker vertieft zu verstehen, deren Denkstil, Kulturgut, Tradition und Institutionen die deutsche Entwicklung einst so nachhaltig beeinflusst hatten und von denen sich das geistige Deutschland seit Ausbruch des Ersten Weltkriegs isoliert und entfremdet hatte. Das Kernstück des von Bergstraesser verfassten, primär soziologisch orientierten Bandes ist eine Politologie des Frankreich der Dritten Republik

– jener konservativen Demokratie, deren Grundfaktoren er in der Unantastbarkeit der Eigentumsordnung und in der Geltung einer als *classe dirigeante* angesprochenen intellektuellen Oberschicht erblickte. Auf historischer Grundlage und unter Verwendung der Ergebnisse detaillierter ökonomischer und soziologischer Untersuchungen unternimmt es der Verfasser, die staatlichen und gesellschaftlichen Faktoren zu beschreiben, die den Prozess der politischen Willensbildung des damaligen Frankreich bestimmten und die zugleich für den Stil und Charakter der Außenpolitik der Großmacht Frankreich kennzeichnend waren. „Jeder Versuch", heißt es am Ende des Buches, „die französische Politik in ihrem mannigfaltigen aus den Wandlungen der politischen Aufgabe und dem Machtkampf der politischen Kräfte hervorgehenden Äußerungen als Einheit zu begreifen, lenkt den Blick zurück auf die kulturellen Bedingungen des politischen Handelns dieser Nation, d. h. aber den typischen Franzosen, wie er aus der engen Verbundenheit der geistigen und politischen Geschichte Frankreichs hervorgegangen ist und seine Geltung als herrschende gesellschaftliche Norm bis heute bewahrt hat." (S. 309.)

Berücksichtigt man, dass diesem Versuch der Zusammenschau der verschiedenen Aspekte des wirtschaftlichen, gesellschaftlichen, administrativen und politischen Lebens des damaligen Frankreich Einzelstudien zugrunde liegen, die sich unter anderem mit dem Problem der Industrialisierung, der öffentlichen Meinung, der Wehrverfassung, dem Aufbau der Verwaltung, dem Verhältnis vom Staat und Kirche und dem Phänomen des bürgerlichen Menschen befassen, so wird man in diesem Werk die Realisierung des Postulats einer integralen Behandlung eines Regierungssystems erblicken müssen, um deren Bewältigung sich die heutige deutsche Politikwissenschaft so ernsthaft bemüht. Insbesondere lässt es Bergstraesser nicht dabei bewenden, isoliert von der Verfassungswirklichkeit die Verfassungsordnung zu analysieren und losgelöst von der Verfassungsordnung das Parteiwesen zu schildern, er bemüht sich vielmehr, ausfindig zu machen, wie die verschiedenen Faktoren der politischen Willensbildung im politischen Entscheidungsprozess zusammenwirken.

Bergstraessers Frankreichbuch hat nicht die Beachtung gefunden, die es verdient. Als es erschien, war als Folge der Wirtschaftskrise und des Aufstiegs des Nationalsozialismus das öffentliche Interesse von der ernsthaften Beschäftigung mit einer kultursoziologisch basierten vergleichenden Lehre der Herrschaftssysteme auf brennendere Fragen der Alltagspolitik abgelenkt. Die turbulenten Jahre vor 1933 ließen Bergstraesser nicht zur inneren Ruhe kommen, um auf dem einmal beschrittenen Wege fortzufahren; die Ereignisse nach 1933 zwangen ihn zur Emigration. Von kleineren Arbeiten abgesehen, hat er sich in den Jahren zwischen 1930 und 1950 auf anderen Gebieten als dem der Politikwissenschaft publizistisch betätigt. Um so intensiver hat er nach seiner im Jahre 1951 erfolgten Rückkehr nach Deutschland seine politikwissenschaftliche schriftstellerische Tätigkeit wieder aufgenommen. Erst im letzten Jahrzehnt seines Lebens hat Bergstraesser durch Abfassung einer beträchtlichen Zahl kürzerer Schriften, die sich vornehmlich mit methodologischen Problemen beschäftigen, seinen entscheidenden Beitrag zur Entwicklung der deutschen Politologie geleistet.

Über Bergstraessers politikwissenschaftlichen Arbeiten liegt ein tragischer Schatten. Das große Frankreichbuch stellt gewiss einen großen Wurf dar. Sein wissenschaftlich theoretischer Ansatz beruht jedoch sehr vielmehr auf einer genialen Intuition als auf methodischen Reflektionen. Es ist Bergstraesser nicht vergönnt gewesen, unter Verwendung der tiefschürfenden Reflektionen seiner Spätzeit über die politikwissenschaftliche Methode ein weiteres großes Werk abzufassen, das sich an Material- und Ideenreichtum mit dem Frankreichbuch vergleichen ließe.

Bevor ich auf die in den reifsten Jahren seines Lebens verfassten großen Aufsätze – auf die späten Quartette – zu sprechen komme, muss ich noch einige Worte über Bergstraessers wissenschaftliche Beschäftigung mit Problemen der Amerikaforschung sagen. Mehr als zehn Jahre Aufenthalt in den USA haben eine nachhaltige Wirkung auf Bergstraessers politikwissenschaftliches Denken ausgeübt. Das Interesse an Frankreich tritt merklich zurück und wird durch das intensive Bemühen ersetzt, der wissenschaftlichen Erforschung der USA in Deutschland den Weg zu ebnen. Auf der Gründungsversammlung der Deutschen Gesellschaft für Amerikastudien hat er am 13. Juni 1953 ein Referat über *Amerikastudien als Problem der Forschung und Lehre* gehalten, dem programmatische Bedeutung zukommt. Unter Ablehnung der Ansicht, es sei möglich, eine Sonderdisziplin „Amerikastudien" zu begründen, und unter gleichzeitiger Ablehnung der Ansicht, es sei ausreichend, entweder Amerikakunde als eine Erweiterung der traditionellen Anglistik zu pflegen oder die Amerikakunde in eine Reihe von Spezialdisziplinen aufzugliedern, hat er empfohlen, die Amerikastudien als einen kooperativen

Versuch verschiedener wissenschaftlicher Disziplinen zu betreiben. Er hat unter ausdrücklicher Berufung auf seine Zusammenarbeit mit Curtius bei der Abfassung seines Frankreichbuchs die Notwendigkeit dargetan, die Kulturanalyse eines fremden Landes sowohl auf sozialwissenschaftlicher als auch auf geisteswissenschaftlicher Grundlage vorzunehmen. In die Leistungen und das Gefüge der Disziplinen vom alten Bestand sollte nicht eingegriffen werden, vielmehr sollte durch die Koordinierung der Bemühungen dieser Disziplinen der Versuch gemacht werden, den Anforderungen neu auftretender Problemkreise gerecht zu werden. Es ist nicht von ungefähr, dass Arnold Bergstraesser, dessen wissenschaftliche Begabung und Neigungen nicht so sehr in der Zergliederung wissenschaftlicher Probleme als vielmehr in der Zusammenfassung wissenschaftlicher Erkenntnisse in Erscheinung traten, so überaus anregend für die junge deutsche Amerikawissenschaft geworden ist.

Wenn einem Lehrstuhlinhaber der Freien Universität die Ehre zuteil wird, bei dieser Feier eine Würdigung der wissenschaftlichen Persönlichkeit Arnold Bergstraessers vorzunehmen, hat dies insofern eine innere Berechtigung, als die Freie Universität durch die Errichtung mehrerer interfakultativer Institute Gedankengänge realisiert hat, die Konzeptionen entsprechen, die Bergstraesser stets und von neuem vertreten hat. Der Plan, ein Amerika-Institut oder – wie es im Gedenken an den großen Ehrenbürger meiner Universität genannt, wird – ein John-F.-Kennedy-Institut mit Abteilungen für amerikanische Literatur, Kultur, Geschichte, Ökonomie, Geografie und Politik zu schaffen und dafür Sorge zu tragen, dass diese Abteilungen dergestalt innerlich miteinander verbunden werden, dass die Vereinigten Staaten als Einheit erforscht und begriffen werden können, ist durch die Wissenschaftslehre Bergstraessers maßgeblich beeinflusst worden. Das gleiche gilt für das Otto-Suhr-Institut der Freien Universität, an dem zehn Vertreter der verschiedenen Sparten der Politikwissenschaft, die ihrerseits drei verschiedenen Fakultäten angehören, zusammenarbeiten, um Politik als Integrationswissenschaft zu begreifen und zu betreiben. Sie haben bei diesem Unterfangen Anregungen aus der von Bergstraesser zuerst entwickelten synoptischen Methode der Politikwissenschaft organisatorisch zu verwerten und pädagogisch auszuwerten versucht. Arnold Bergstraesser hat nicht nur eine eigene wissenschaftliche Schule begründet; er hat auch an anderen Hochschulen Schule gemacht.

Die synoptische Untersuchung politischer Phänomene ist das große Vermächtnis, das Bergstraesser seiner Wissenschaft hinterlassen hat. Sie ist – so möchte ich glauben – am klarsten und eindringlichsten in der als „Problemskizze" bezeichneten, im Jahre 1963 in einer Hans Rothfels gewidmeten Festschrift unter dem Titel *Geschichtliches Bewußtsein und politische Entscheidung* entwickelt worden. Neben dieser schlechthin grundlegenden Arbeit sollten insbesondere die Abhandlung *Die Stellung der Politik unter den Wissenschaften* und der einführende Artikel zu dem ersten Band des Jahrbuchs „Die Internationale Politik" erwähnt werden, die den Titel trägt *Die weltpolitische Dynamik der Gegenwart*.

Möglichkeit und Notwendigkeit der politischen Wissenschaft sind nach Bergstraessers Überzeugung durch die Eigentümlichkeit ihrer Fragestellung bestimmt. Ihr spezifisches Gepräge erhält die politische Wissenschaft aus ihrem Charakter als einer praktischen wissenschaftlichen Disziplin. Stellt sie doch in ihrem Kern die Lehre von der politischen Entscheidung dar. Sie setzt sich die Aufgabe, mittels *Nachdenkens* über die geschichtlichen, gesellschaftlichen, wirtschaftlichen, rechtlichen und ideologischen Voraussetzungen politischen Handelns unter verschiedenen denkbaren und realisierbaren Alternativen diejenige Lösung *vorzudenken,* die optimal dem *bonum commune* entspricht. Sie ist nicht nur bestrebt, durch Berücksichtigung der Forschungsergebnisse verschiedenartiger wissenschaftlicher Disziplinen zu einer integralen Analyse der Ausgangsposition politischer Entscheidungen zu gelangen; sie bemüht sich vor allem darum, durch eine synoptische Verwertung empirischer und normativer Methoden jeweils eine richtige, das heißt aber eine zugleich praktisch durchführbare und geistig-sittliche tragbare Lösung politischer Probleme zu empfehlen. Sie behandelt nicht nur – und nicht einmal in erster Linie – die *res gestae*; ihr spezifisches Anliegen bilden vielmehr die *res gerendae*. Sie vermag ihre Aufgabe nur zu erfüllen, wenn sie sich im vollen Bewusstsein der geschichtlichen Bedingtheit aller Faktoren, die bei der Fällung politischer Entscheidungen in Erscheinung treten und zu berücksichtigen sind, nicht darauf beschränkt, historische Vorgänge in ihrer Einmaligkeit zu begreifen, vielmehr bestrebt ist, mittels soziologischer Ordnungsbegriffe Konsequenzen typologischer Art zu ziehen. Sie muss sich darum bemühen, das politische Geschehen als Einheit zu begreifen und darf sich nicht dazu verleiten lassen, Phänomene der Innen- und Außenpolitik unter Verkennung ihrer Interdependenz isoliert voneinander zu betrachten.

Sind doch – um das nächstliegende Beispiel heranzuziehen – die Bedeutung unserer freiheitlich rechtsstaatlichen Institutionen und der Grundlagen, die sie in unserem Selbstverständnis haben, nur in einem weltumfassenden Sinn zu begreifen und verständlich zu machen. Und so ist denn die politische Funktion der politischen Wissenschaft darin zu erblicken, verfügbares Wissen in den Dienst des politischen Urteils zu stellen mit dem Ziel, durch Eliminierung romantisierender und utopischer pseudo-politischer Vorstellungen zu echten politischen Entscheidungen zu gelangen.

Es kann nicht meine Aufgabe sein, im Einzelnen auf Bergstraessers Theorie der politischen Entscheidung einzugehen. Sie enthält in ihrem Kern das Programm eines Systems einer wissenschaftlichen Politik. Sie ist ohne Vorbild und stellt wissenschaftliches Neuland dar. Indem er andeutet, dass es entscheidend darauf ankommen wird, darzutun, welche Bedeutung für eine jede politische Entscheidung die Möglichkeit besitzt, der „Diagnose" der vorgegebenen Realitäten des politischen Lebens, der „Prognose" der politischen Entwicklung und dem „Entwurf" einer politischen Lösung politischer Probleme wissenschaftliche Erkenntnisse zugrunde zu legen, hat er unserer Wissenschaft Anregungen hinterlassen, mit denen wir uns noch auf lange Zeit hin auseinandersetzen werden. Die Freiburger Schule der Politikwissenschaft hat einen Meister besessen, der die erregendsten Fragen gestellt hat, die im letzten Jahrzehnt in der politischen Wissenschaft in Deutschland aufgeworfen worden sind. Sie zu beantworten ist ihm versagt geblieben; durch die Schulung eines in seinen Denkmethoden geübten Nachwuchses die Möglichkeit ihrer Beantwortung geschaffen zu haben, ist nicht das geringste seiner dauernden Verdienste um die Wissenschaft von der Politik. Arnold Bergstraesser hat Freiburg und seiner Universität nicht nur ein großes, sondern auch ein verpflichtendes Erbe hinterlassen.

Diese allzu knappe und notwendigerweise stark vereinfachte Zusammenfassung der Grundgedanken der Bergstraesser'schen Politologie vermag nur einen oberflächlichen Eindruck des Gedankenreichtums und des sittlichen Ernstes zu vermitteln, die in Arbeiten niedergelegt sind, die ein Torso blieben. Arnold Bergstraesser hätte mit größtem Nachdruck das Lob zurückgewiesen, er habe ein dauerndgültiges Wort, geschweige denn ein endgültiges Wort über Ziele und Methoden einer deutschen Politikwissenschaft gesprochen. Er darf aber für sich in Anspruch nehmen, als erster ein entscheidendes Wort zur Begründung einer universalen und daher einer neuen Wissenschaft von der Politik in Deutschland gesagt zu haben. War er doch nicht nur bemüht, die Bewegungsgesetze der Politik wissenschaftlich zu begreifen, wollte er doch auch mittels wissenschaftlicher Erkenntnisse dazu beitragen, die Kräfte, die die Politik als unser aller Schicksal bestimmen, sinnvoll zu zügeln und vordenkend zu lenken. Arnold Bergstraesser hat sich um die Wissenschaft und um die Politik, er hat sich um die Wissenschaft von der Politik wohl verdient gemacht.

Literatur

Dokumente

Archiv Oberndörfer

„Archiv Oberndörfer" bezeichnet Texte und Dateien, die bei mir aufbewahrt und gespeichert sind, aus denen ich meine Erinnerungen speise. Gern bin ich bereit, sie auf Anfrage zur Verfügung zu stellen:
dieter.oberndoerfer@politik.uni-freiburg.de

Bergstraesser, A.: Korrespondenzen.
Bergstraesser, A.: Karl Gustav Vollmöllers Späte Gedichte.
Caspari, F.: Begegnungen mit Bergstraesser 1933–1937, 9 S.
Hättich, M.: Erinnerungen.
Hennrich, S.: Bibliografie der Schriften Arnold Bergstraessers.
Molt, P.: Eichholzer Erinnerungen an Arnold Bergstraesser.
Molt, P.: Arnold Bergstraesser und die Konrad-Adenauer-Stiftung.
Oberndörfer, D.: Das Studium Generale der Universität Freiburg, Programme 1953–1999.
Protokoll der Mitgliederversammlung der AWP (1963).
Protokolle des Symposions zum 20. Todestag Arnold Bergstraessers (1984). Teilnehmer: Manfred Hättich, Gottfried Karl Kindermann, Dieter Oberndörfer, Alexander Schwan, Hans-Peter Schwarz, Friedrich Tenbruck, Theodor Hanf und Emanuel Sarkisyanz.
Protokolle und Briefwechsel zur Gründungsversammlung der DGfP (1983) in Bonn/Köln.
Sandrart, H. H. von: Begegnungen mit Professor Arnold Bergstraesser in Freiburg 1954/55, 5 S.
Schott, R.: Erinnerungen eines Ethnologen an Arnold Bergstraesser und die Anfänge der Arbeitsstelle für kulturwissenschaftliche Forschung.
Schwarz, P.: Erinnerungen. Alle Konvolute.
Winters, P. J.: Interview mit Arnold Bergstraesser von 1963.
Winters, P. J.: Ein Vermächtnis: Zum Interview mit Arnold Bergstraesser.

Archiv Institut für Zeitgeschichte

Bestand Marcia L. Kahn: Bd. 5–7. Korrespondenz Christopher Emmet/Nachrufe, American Council on Germany.

Geheimes Staatsarchiv Preußischer Kulturbesitz (GStA PK)

Nl. Grimme, Nr. 689: Arnold Bergstraesser, „Gutachtliche Äußerung über die Notwendigkeit der Errichtung eines Instituts (oder einer Arbeitsstätte) für Recht, Soziologie und Ökonomie der Bildung für die Senatskommission der Max-Planck-Gesellschaft betr. Errichtung eines Max-Planck-Instituts für Recht, Soziologie und Ökonomie der Bildung", 16.06.1961.

Universitätsarchiv Freiburg (UAF)

B 0204/1: Politik / Korrespondenz A (1955–1957).
B 0204/2: Politik / Korrespondenzen B (1953–1955).
B 0204/3: Politik / Korrespondenz C (1955–1957).
B 0204/8: Politik / Korrespondenz G (1955–1957).
B 0204/10: Politik / Korrespondenz H (1955–1957).
B 0204/12: Politik / Korrespondenz B–Bu (1958).
B 0204/28: Politik / Korrespondenz H (1959).
B 0204/29: Politik / Korrespondenz K (1959).
B 0204/31: Politik / Korrespondenz L–M (1959).
B 0204/32: Politik / Korrespondenz N–O (1959).
B 0204/34: Politik / Korrespondenz St (1959).
B 0204/36: Politik / Korrespondenz B (1960).
B 0204/39: Politik / Korrespondenz I–J (1960).
B 0204/44: Politik / Korrespondenz S (1960).
B 0204/58: Politik / Korrespondenz L–M (1960–1961).
B 0204/60: Politik / Korrespondenz P–R (1960–1961).
B 0204/69: Politik / Korrespondenz L (1963–1964).
B 0204/76: Politik / Korrespondenz R (1961–1963).
B 0204/77: Politik / Korrespondenz S (1961–1963).
B 0204/78: Politik / Korrespondenz Sch (1962–1964).
B 0204/79: Politik / Korrespondenz St (1962–1964).
B 0204/81: Politik / Korrespondenz U (1961–1963).
B 0204/101: Politik / Verschiedene Korrespondenzen (1948–1953).

B 0204/130: Politik / Rektoratsangelegenheiten (1960-1961).
B 0204/132: Politik / Rektoratsangelegenheiten (1959).
B 0204/163: Politik / Korrespondenz der Akademie für politische Bildung in Tutzing (1955-1959).
B 0204/167: Politik / Allgemeine Korrespondenz und Unterlagen der Arbeitsgemeinschaft Wissenschaft und Politik in München (1962-1964).
B 0204/168: Politik / Allgemeine Korrespondenz und Unterlagen der Forschungsstelle Weltzivilisation in Freiburg (1960-1963).
B 0204/196-198: Politik / Berichte, Einladungen, Teilnehmerlisten und Berichte, Unterlagen und Berichte zur Deutsch-Französischen Konferenz in Bad Neuenahr (1956).
B 0204/203: Politik / Memorandum zur Indienreise Arnold Bergstraessers (1964).
B 0204/231: Politik / Sitzungsniederschriften der Wahlrechtskommission (1954-1955).
B 0204/279: Politik / Allgemeine Unterlagen zu UNESCO-Konferenzen und allgemeine Materialien zur UNESCO (1957-1964).

Publizierte Literatur

Alberts, K. (2009). *Theodor Steltzer. Szenarien seines Lebens. Eine Biographie*. Heide.
Albrecht, C. (1999). *Die intellektuelle Gründung der Bundesrepublik: eine Wirkungsgeschichte der Frankfurter Schule*. Frankfurt am Main.
Anter, A. (2011). Die Macht der Vergangenheit über die Gegenwart. Arnold Bergstraesser und Ernst Robert Curtius als Analytiker der französischen Kultur. In: A. Söllner, *Deutsche Frankreich-Bücher aus der Zwischenkriegszeit* (S. 125-138). Baden-Baden.
Barraclough, G. (1959). Rez. „Die Internationale Politik 1955. Eine Einführung in das Geschehen der Gegenwart", hg. von Arnold Bergstraesser et al.,. *International Affairs 35* (1), S. 62.
Beaugrand, G. (2003). *Die Konrad-Adenauer-Stiftung. Eine Chronik in Berichten und Interviews mit Zeitzeugen*. Sankt Augustin.
Behrmann, G. C. (2012). Mündige Bürger, politische Bildung und Wissenschaft. Die historische und gegenwärtige Bedeutung des Studienhauses Wiesneck für die politische Bildung. In: U. Eith & B. Rosenzweig, *50 Jahre Studienhaus Wiesneck. 50 Jahre politische Jugend- und Multiplikatorenbildung* (S. 8-23). Buchenbach.
Behrmann, G. C. (2013). Deutsche Nachkriegspolitologen in der nationalsozialistischen Diktatur. Arnold Bergstraesser. In: H. Buchstein, *Das Versprechen der Demokratie. 25. Wissenschaftlicher Kongress der Deutschen Vereinigung für politische Wissenschaft* (S. 431-466). Baden-Baden: Nomos.
Behrmann, L. (2013). Reproduktion sozialer Ungleichheit in der Schule. Was wissen die Lehrkräfte? In: O. Berli & M. Endreß, *Wissen und soziale Ungleichheit* (S. 260-282). Erfurt.
Berg, M. & Gassert, P. (2004) (Hg.). *Deutschland und die USA in der internationalen Geschichte des 20. Jahrhunderts. Festschrift für Detlef Junker*. Stuttgart.Bergstraesser, A. (1930a). *Frankreich. Bd. 2: Staat und Wirtschaft Frankreichs*. Stuttgart/Berlin/Leipzig.

Bergstraesser, A. (1930b). *Sinn und Grenzen der Verständigung zwischen Nationen*. München.
Bergstraesser, A. (1956). Amerikastudien als Problem der Forschung und Lehre. *Jahrbuch für Amerikastudien 1*, S. 8–14.
Bergstraesser, A. (1958). Die Stellung der Politik unter den Wissenschaften. In: B. Welte et al., *Bedeutung und Funktion der Grenze in den Wissenschaften* (S. 85–95). Freiburg im Breisgau.
Bergstraesser, A. (1961a). Der kulturelle Welthorizont. *Offene Welt. Zeitschrift für Wirtschaft, Politik und Gesellschaft 71*, S. 68–80.
Bergstraesser, A. (1961b). *Politik in Wissenschaft und Bildung. Schriften und Reden*. Freiburg im Breisgau.
Bergstraesser, A. (1961c). Die Lehrgehalte der politischen Bildung. In: ders., *Politik in Wissenschaft und Bildung. Schriften und Reden* (S. 303). Freiburg im Breisgau.
Bergstraesser, A. (1962a). Gedanken zu Verfahren und Aufgaben der kulturwissenschaftlichen Gegenwartsforschung. In: G.-K. Kindermann, *Kulturen im Umbruch: Studien zur Problematik und Analyse des Kulturwandels in Entwicklungsländern* (S. 401–422). Freiburg im Breisgau.
Bergstraesser, A. (1962b). *Goethes Image of Man and Society*, Freiburg im Breisgau.
Bergstraesser, A. (1962c). „Werden wir wirklich amerikanisiert?", *Christ und Welt*, 24.08.1962, S. 6.
Bergstraesser, A. (1964). Die Hoffnung auf eine weltweite politische Ordnung. In: K. G. Kiesinger, *Führung und Bildung in der heutigen Welt. Herausgegeben zum 60. Geburtstag von Ministerpräsident Kurt Georg Kiesinger* (S. 17–27). Stuttgart.
Bergstraesser, A. (1965a). *Soziale Verflechtung und Gliederung im Raum Karlsruhe. Grundlagen zur Neuordnung eines Großstadtbereiches*. Karlsruhe.
Bergstraesser, A. (1965b). *Weltpolitik als Wissenschaft* (Bd. 1). Hg. von D. Oberndörfer. Stuttgart.
Bergstraesser, A. & Cornides, W. (1958). *Die internationale Politik 1955. Eine Einführung in das Geschehen der Gegenwart*. München.
Birrenbach, K. (1962). *Die Zukunft der Atlantischen Gemeinschaft. Europäisch-amerikanische Partnerschaft*. Freiburg im Breisgau.
Blantz, T. E. (1993). *George N. Shuster. On the side of truth*. Notre Dame.
Bleek, W. (2001). *Geschichte der Politikwissenschaft in Deutschland*. München.
Bluhm, G. (1963). *Die Oder-Neiße-Linie in der deutschen Außenpolitik*. Freiburg im Breisgau.
Bock, H. M. (2005). *Kulturelle Wegbereiter politischer Konfliktlösung. Mittler zwischen Deutschland und Frankreich in der ersten Hälfte des 20. Jahrhunderts*. Tübingen.
Brandt, K. (1965). *Der 20. Juli 1944 in amerikanischer Sicht. Gedenkrede am 20.07.1965 im Ehrenhof des Bendlerblocks in der Stauffenbergstraße, Berlin*. Abgerufen am 18.06.2024 von https://www.stiftung-20-juli-1944.de/reden/der-20-juli-1944-in-amerikanischer-sicht-prof-dr-dr-hc-karl-brandt-20071965.
Breuer, S. (2012). *Carl Schmitt im Kontext. Intellektuellenpolitik in der Weimarer Politik*. Berlin.
Dahrendorf, R. (2002). *Über Grenzen. Lebenserinnerungen*. München.
Demirović, A. (1999). *Der nonkonformistische Intellektuelle*. Frankfurt am Main.

Literatur

Eisermann, D. (1999). *Außenpolitik und Strategiediskussion. Die Deutsche Gesellschaft für Auswärtige Politik 1955 bis 1972.* München.

Eith, U. & Rosenzweig, B. (2012). *50 Jahre Studienhaus Wiesneck. 50 Jahre politische Jugend- und Multiplikatorenbildung.* Buchenbach.

Fraenkel, E. (1965). Arnold Bergstraesser und die Deutsche Politikwissenschaft. In: D. Oberndörfer (Hg.), *Arnold Bergstraessser. Weltpolitik als Wissenschaft* (S. 252–260). Freiburg im Breisgau.

Gelberg, K. U. (2007). „Eine Existenzfrage unserer Demokratie". *Die Gründung der Akademie für politische Bildung Tutzing.* München.

Groh, K. (2010). *Demokratische Staatsrechtslehrer in der Weimarer Republik. Von der konstitutionellen Staatslehre zur Theorie des modernen demokratischen Verfassungsstaats.* Tübingen.

Harpprecht, K. (2008). *Die Gräfin.* Hamburg.

Heller, H. (1926). *Die politischen Ideenkreise der Gegenwart.* Breslau.

Henkel, M. (2011). *Hermann Hellers Theorie der Politik und des Staates: die Geburt der Politikwissenschaft aus dem Geiste der Soziologie.* Tübingen.

Hinrichsen, H.-P. E. (2002). *Der Ratgeber. Kurt Birrenbach und die Außenpolitik der Bundesrepublik Deutschland.* Bonn.

Iriye, A. (2004), Nationale Geschichte, Internationale Geschichte, Globale Geschichte. In: M. Berg & P Gassert (Hg.), *Deutschland und die USA in der internationalen Geschichte des 20. Jahrhunderts. Festschrift für Detlef Junker* (S. 21–39). Stuttgart.

Köster, B. (2017). Staatsbürger in Uniform. *FAZ*, 18.09.2017.

Kernig, C. D. (1969). *Sowjetsystem und demokratische Gesellschaft.* Freiburg im Breisgau.

Klein, C. I. (2014). Arnold Bergstraesser als Vermittler zwischen Wissenschaft, Politik, Militär und Öffentlichkeit in den 1950er Jahren. In: S. Brandt, *Universität, Wissenschaft und Öffentlichkeit in Westdeutschland* (S. 243–276). Stuttgart.

Krippendorff, E. (2012). *Lebensfäden: zehn autobiographische Versuche.* Nettersheim/Heidelberg.

Laitenberger, V. (1976). *Akademischer Austausch und auswärtige Kulturpolitik: der Deutsche Akademische Austauschdienst (DAAD) 1923-1945.* Göttingen.

Liebold, S. (2012). Arnold Bergstraesser und Fritz Caspari in Amerika. In: F. Schale et al., *Intellektuelle Emigration. Zur Aktualität eines historischen Phänomens* (S. 89–110). Heidelberg.

Lietzmann, H. (1999). *Politikwissenschaft im „Zeitalter der Diktaturen". Die Entwicklung der Totalitarismustheorie Carl Joachim Friedrichs.* Wiesbaden.

Lundgreen, P., Horn, B. & Krohn, W. (1986). *Staatliche Forschung in Deutschland 1870-1980.* Frankfurt am Main.

Maier, H. (2013). *Böse Jahre, gute Jahre. Ein Leben 1931.* München.

Meinschien, B. (2012). *Michael Freund. Wissenschaft und Politik (1945-1965).* Frankfurt am Main.

Mohr, A. (1988). *Politikwissenschaft als Alternative. Stationen einer wissenschaftlichen Disziplin auf dem Wege zu ihrer Selbständigkeit in der Bundesrepublik Deutschland 1945-1965.* Bochum.

Mohr, A. (1997). *Grundzüge der Politikwissenschaft.* München.

Oberndörfer, D. (1960). *Ost-West-Beziehungen. Der gegenwärtige Stand – künftige Entwicklungen.* Hg. von der Atlantik-Brücke e. V. und dem American Council on Germany, Freiburg im Breisgau.

Oberndörfer, D. (1961). *Von der Einsamkeit des Menschen in der modernen Gesellschaft Amerikas.* 2. Aufl. Freiburg im Breisgau.

Oberndörfer, D. (1962) (Hg.). *Wissenschaftliche Politik. Eine Einführung in Grundfragen ihrer Tradition und Theorie.* Freiburg im Breisgau.

Oberndörfer, D. (1990). Die Anfänge der Wissenschaftlichen Politik und Soziologie an der Universität Freiburg im Seminar Arnold Bergstraessers – Begegnungen mit Heinrich Popitz. In: H. Oswald, *Macht und Recht. Festschrift für Heinrich Popitz zum 65. Geburtstag* (S. 29–42). Opladen.

Oberndörfer, D. (1998). Carl Schmitts Beitrag zur Entlegitimierung der Weimarer Republik. In: D. Berg-Schlosser, G. Riescher & A. Waschkuhn, *Politikwissenschaftliche Spiegelungen* (S. 132–142). Wiesbaden.

Oberndörfer, D. (2000). Lehre und Forschung in einer philosophischen Fakultät der fünfziger Jahre. In: I. Villinger, G. Riescher & J. Rüland, *Politik und Verantwortung. Festgabe für Wolfgang Jaeger zum 60. Geburtstag* (S. 165–174). Freiburg im Breisgau.

Oberndörfer, D. (2004). Prägungen. In: M. Böhme, *Dieter Oberndörfer zum 75. Geburtstag* (S. 7–49). Freiburg im Breigau.

Oberndörfer, D. (2011). *Zur Geschichte des Arnold Bergstraesser Instituts. Eine Dokumentation und persönliche Erinnerungen.* Freiburg im Breisgau.

Oberndörfer, D. (2012). Das Studienhaus Wiesneck. In U. Eith & B. Rosenzweig, *50 Jahre Studienhaus Wiesneck. 50 Jahre politische Jugend- und Erwachsenenbildung* (S. 8–11). Buchenbach.

Oberndörfer, D. (2016). Leserbrief zu Heinrich August Winkler: „Wer hat die Deutschen zu Richtern der Nationen bestellt" (SZ vom 22.05.2015). SZ, 02.01.2016. Abgerufen am 16.04.2024 von https://drive.google.com/file/d/1FgjWFpP-a4vf2kAdqHVOt6SdohmLm G-A/view?usp=sharing.

Oberndörfer, D. (2017). Das Colloquium politicum der Universität Freiburg 1951–1999. Ursprünge, die Ära Arnold Bergstraesser und Entwicklungen. *Freiburger Universitätsblätter 215* (1), S. 89–120.

Oberndörfer, D. (2018). *20 Jahre Rat für Migration 1998-2018.* Abgerufen am 16.04.2024 von https://rat-fuer-migration.de/wp-content/uploads/2018/07/20-jahre-rfm-oberndoerfer2018.pdf.

Oberreuter, H. et al. (2004) (Hg.). *Weltpolitik im 21. Jahrhundert. Perspektiven zur neuen internationalen Staatenordnung. Festschrift für Professor Dr. Jürgen Schwarz.* Wiesbaden.

Paulus, S. (2010). *Vorbild USA? Amerikanisierung von Universität und Wissenschaft in Westdeutschland 1945-1976.* München.

Rittberger, V. (2009). *Wer regiert die Welt und mit welchem Recht?* Baden-Baden.

Ritter, G. (1959). *Wissenschaftliche Historie, Zeitgeschichte und „politische Wissenschaft".* Heidelberg.

Söllner, A. (2006). *Fluchtpunkte. Studien zur politischen Ideengeschichte des 20. Jahrhunderts.* Baden-Baden.

Literatur

Schmitt, C. & Feuchtwanger, L. (2007). *Briefwechsel 1918-1935.* Hg. von R. Rieß, Berlin.

Schmitt, H. (1995). *Politikwissenschaft und freiheitliche Demokratie. Eine Studie zum „politischen Forschungsprogramm" der „Freiburger Schule" 1954-1970.* Baden-Baden.

Schwarz, H.-P. (1962). Probleme der Kooperation von Politikwissenschaft und Soziologie in Westdeutschland. In: D. Oberndörfer, *Wissenschaftliche Politik. Eine Einführung in Grundfragen ihrer Tradition und Theorie* (S. 297–333). Freiburg im Breisgau.

Schwarz, H.-P. (2010). *Das Gesicht des 20. Jahrhunderts. Monster, Retter, Mediokritäten.* München.

Shuster, G. N. & Bergstraesser, A. (1944). *Germany. A Short History.* New York.

Sontheimer, K. (1960). *Das Atlantische Bündnis. Bericht über das Internationale Seminar an der Albert-Ludwigs-Universität Freiburg i. Br. im April 1960.* Freiburg im Breisgau.

Tenbruck, F. H. (1961). Zur deutschen Rezeption der Rollentheorie. *Kölner Zeitschrift für Soziologie und Sozialpsychologie 13,* S. 1–40.

Tenbruck, F. H. (1962). *Jugend und Gesellschaft. Soziologische Perspektiven.* Freiburg im Breisgau.

Tenbruck, F. H. & Albrecht, C. (1996). *Perspektiven der Kultursoziologie. Gesammelte Aufsätze.* Opladen.

Tunnat, F. D. (2008). *Karl Vollmoeller – Dichter und Kulturmanager. Eine Biographie.* Ahrensburg.

Wirbelauer, E. E. (2006). *Die Freiburger Philosophische Fakultät 1920-1960. Mitglieder – Strukturen – Vernetzungen.* Freiburg im Breisgau/München.

Zilien, J. (1997). *Politische Bildung in Hessen von 1945 bis 1965.* Frankfurt am Main.

Zunker, A. (2007). *Stiftung Wissenschaft und Politik (SWP). Entwicklungsgeschichte einer Institution politikbezogener Forschung.* Berlin.